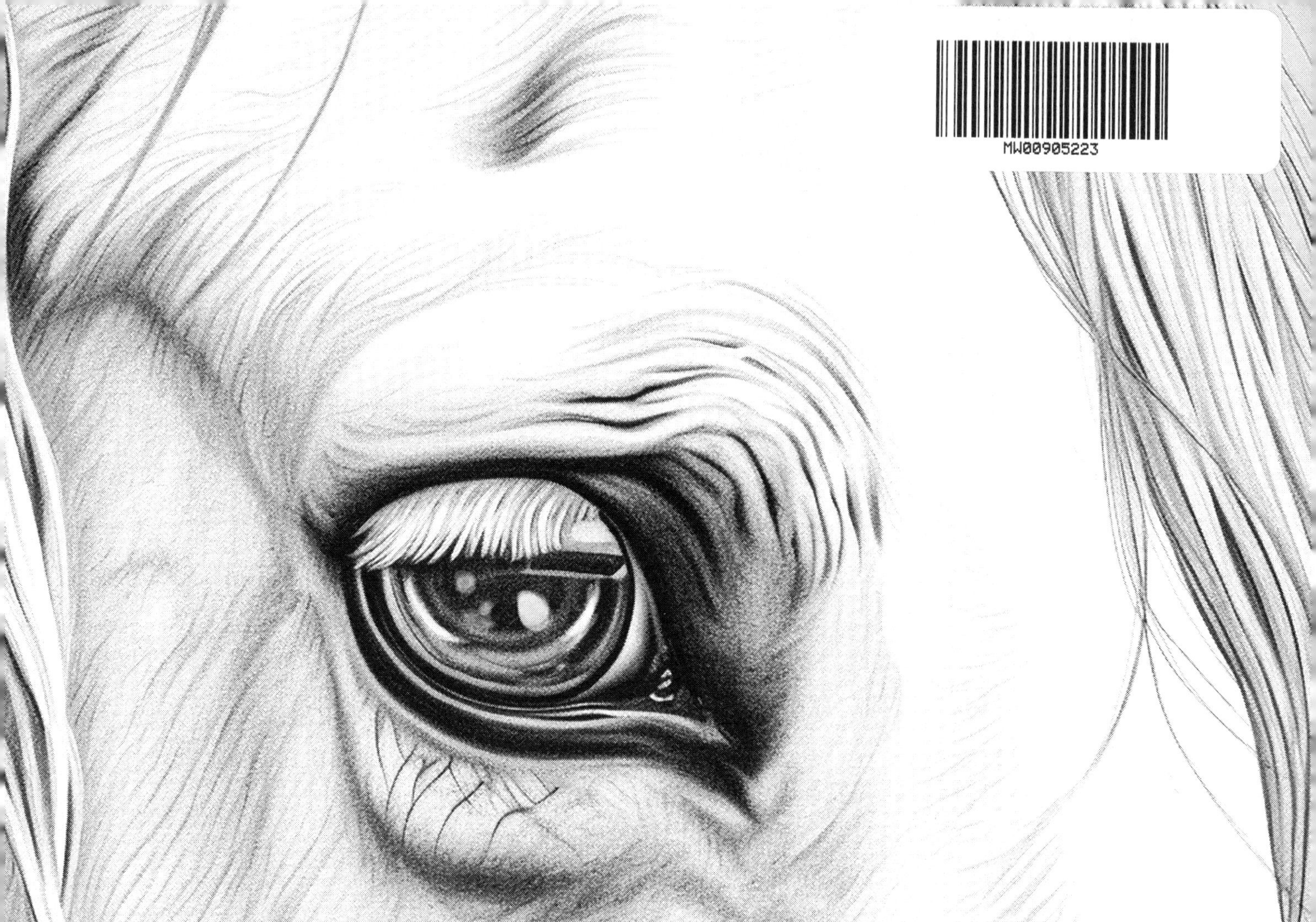

ESTE LIBRO PERTENECE A

....

....

....

PÁGINA DE PRUEBA DE COLOR

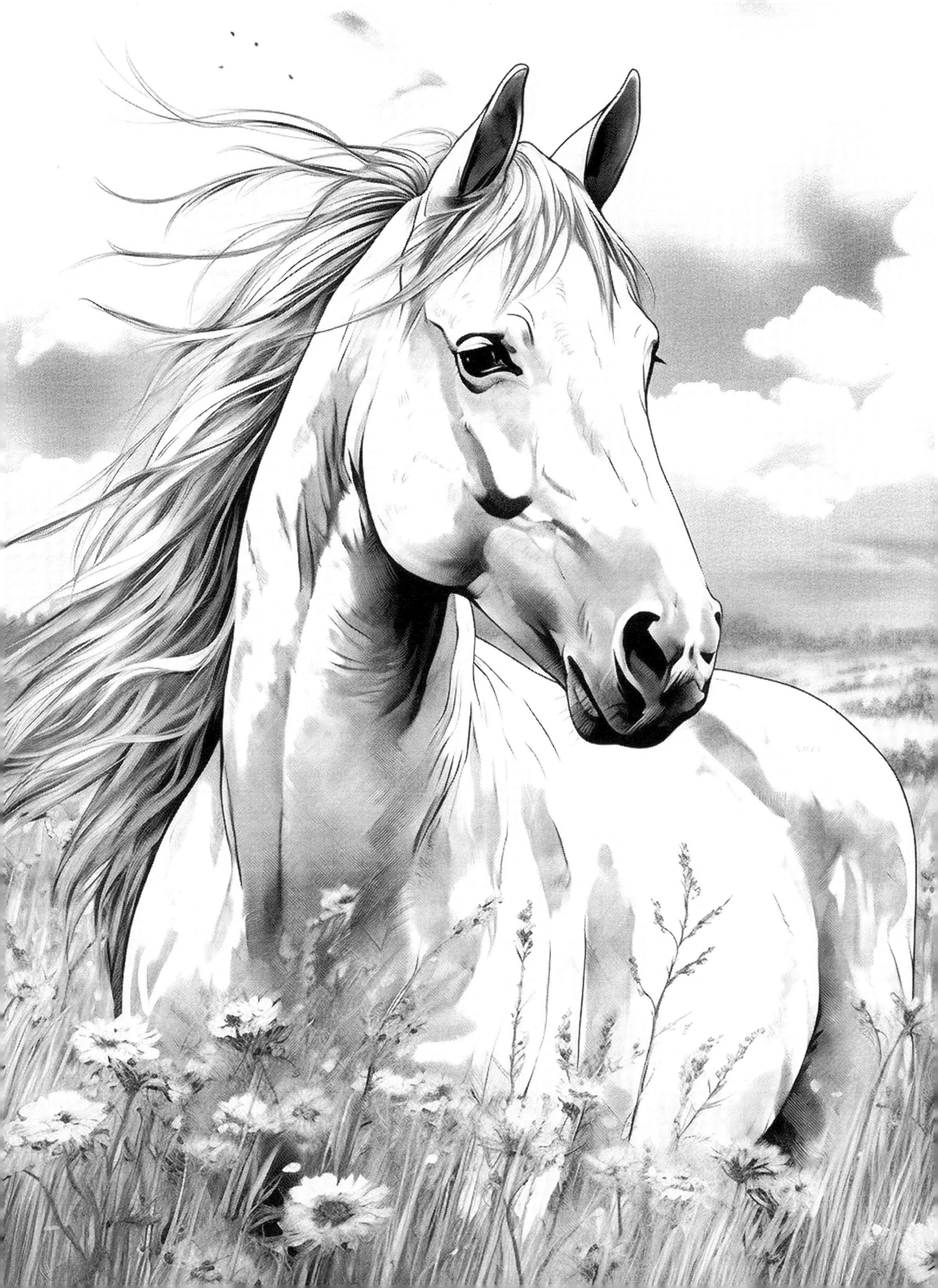

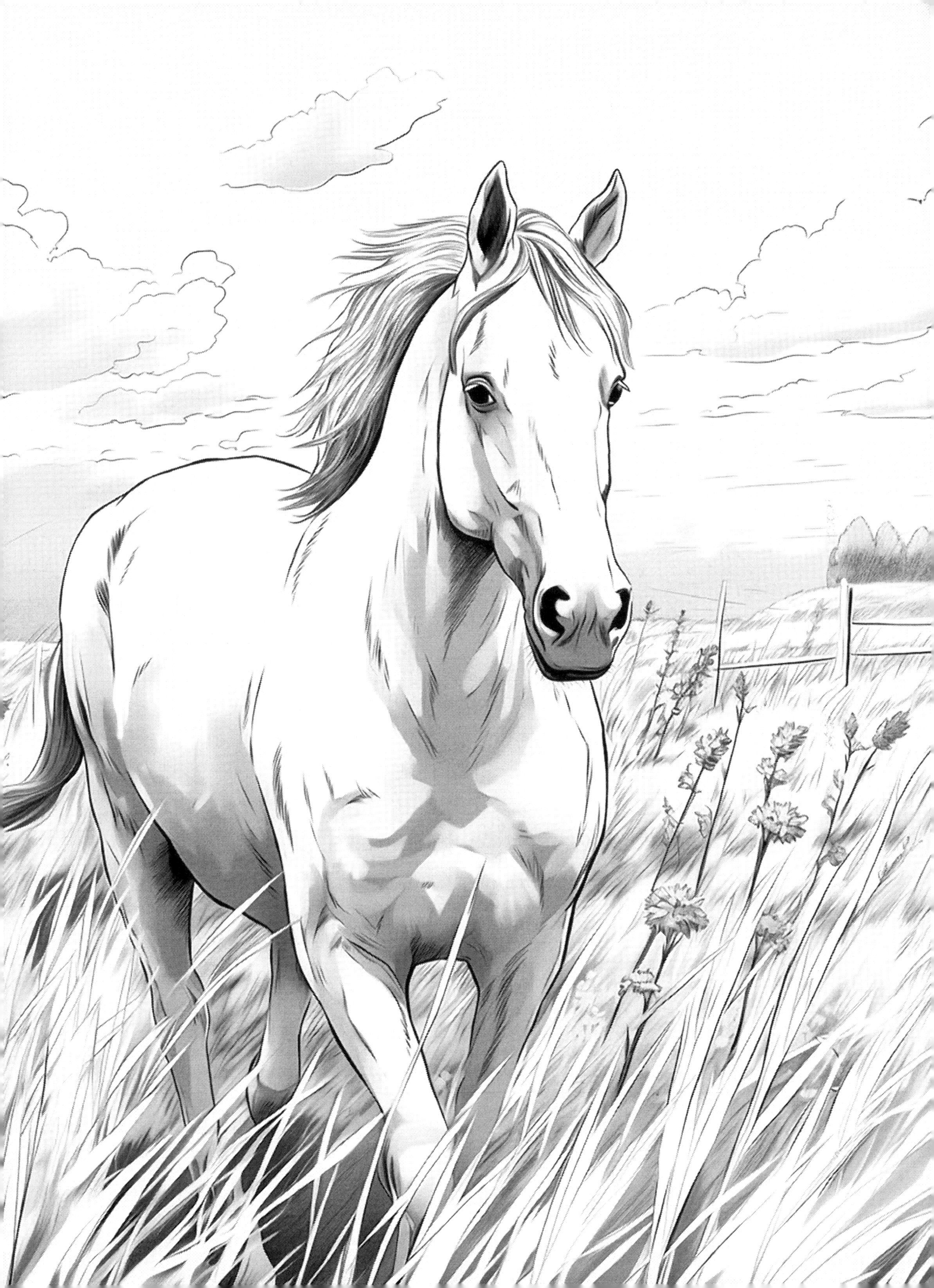

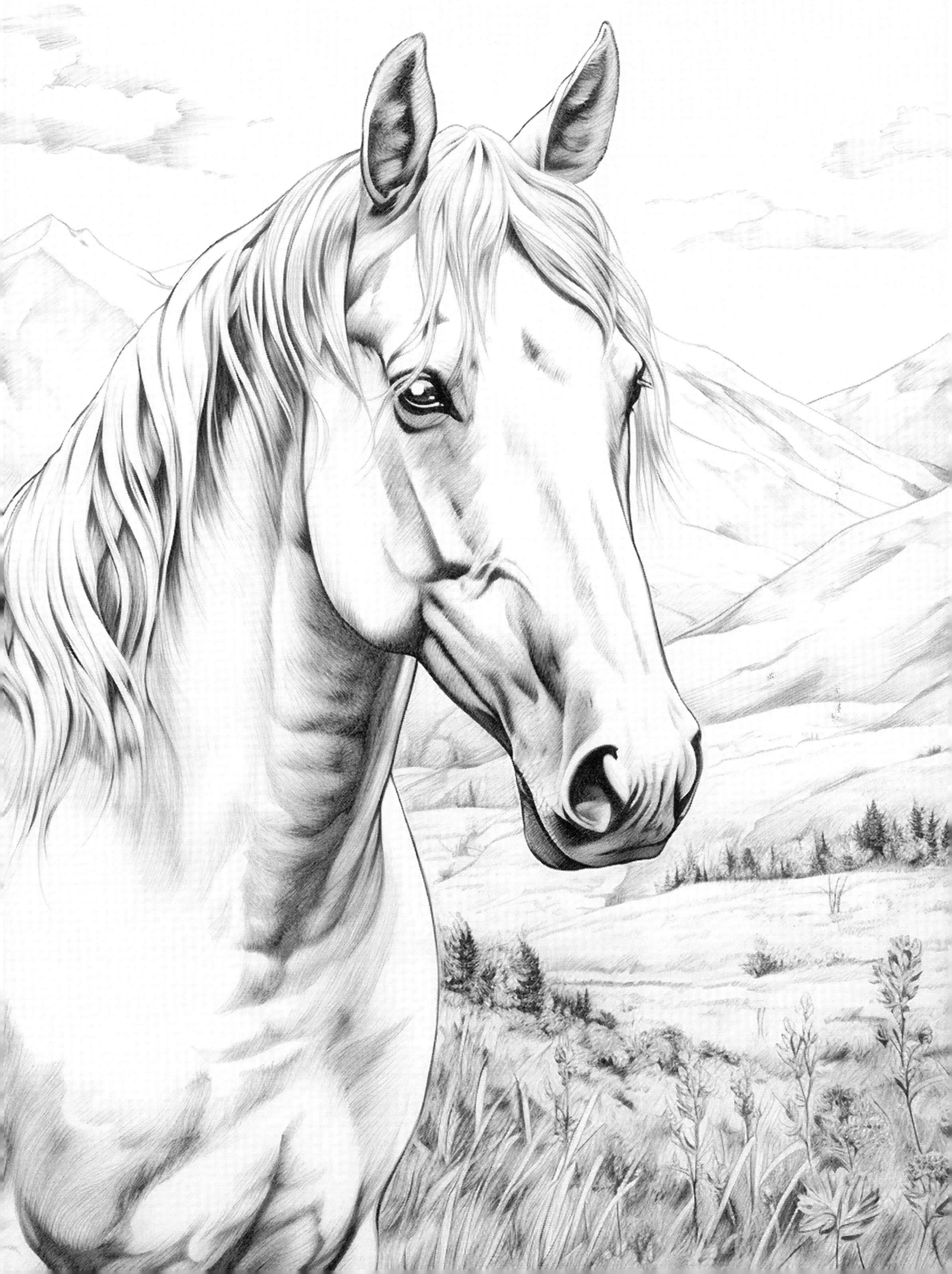

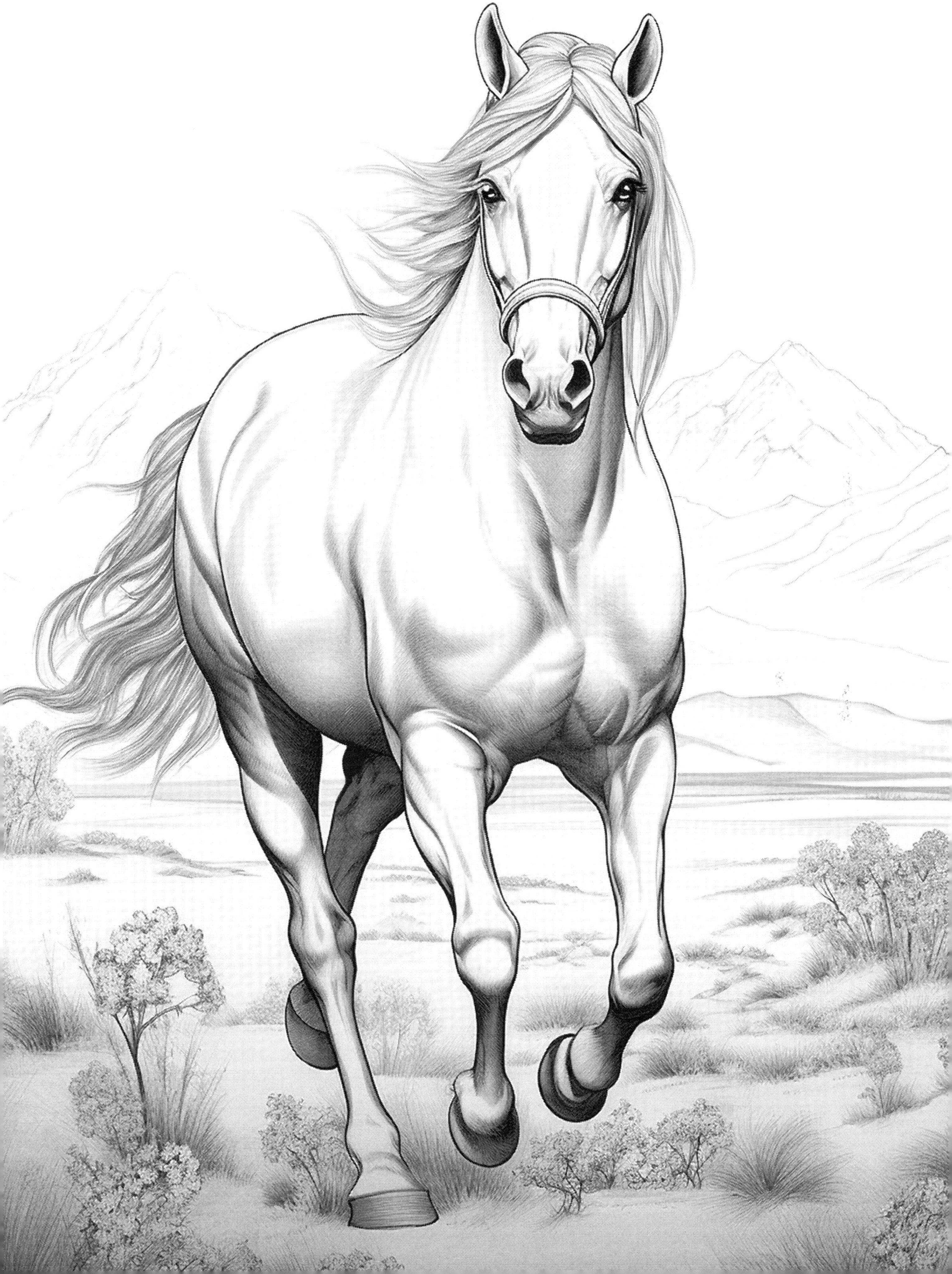

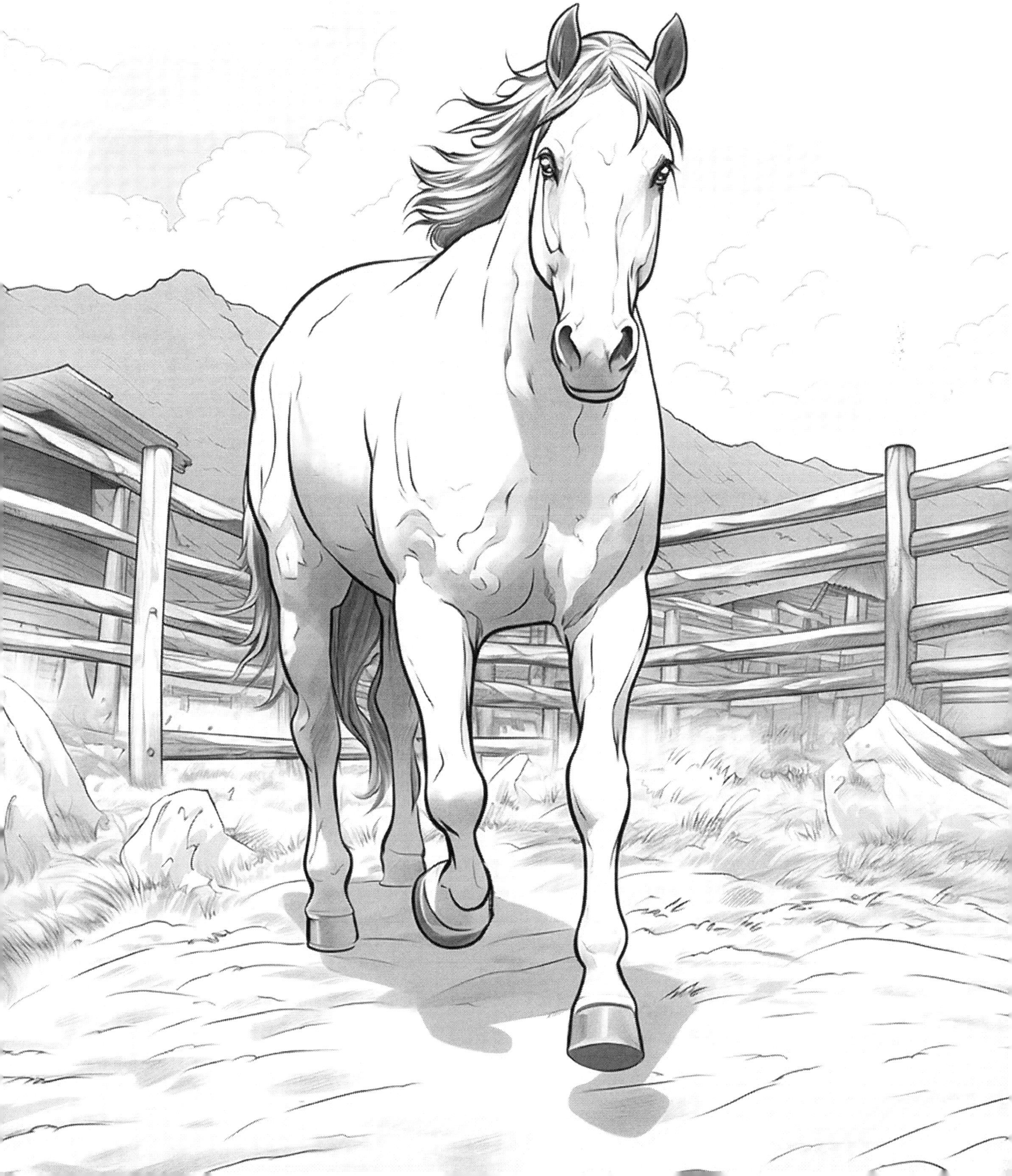

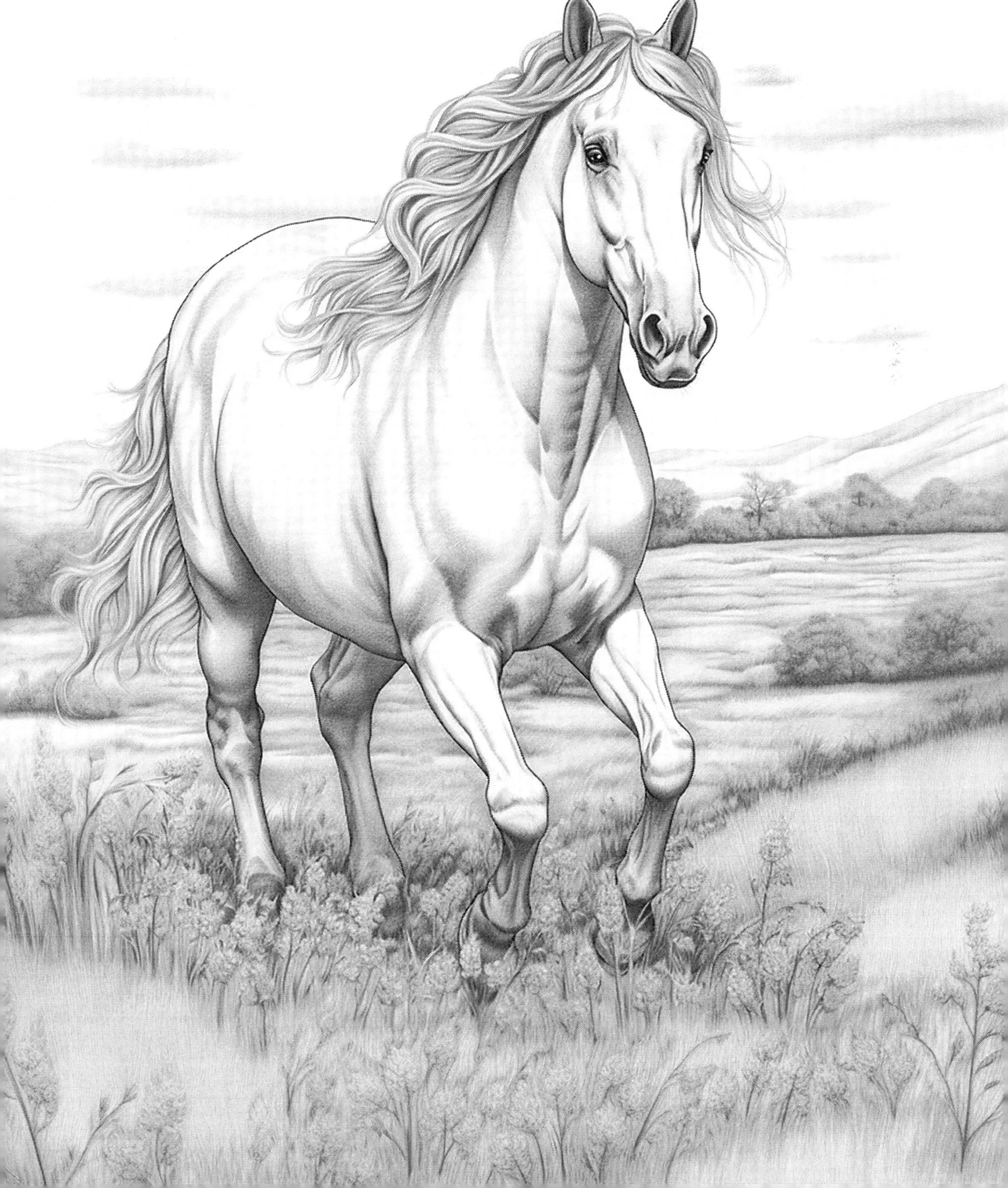

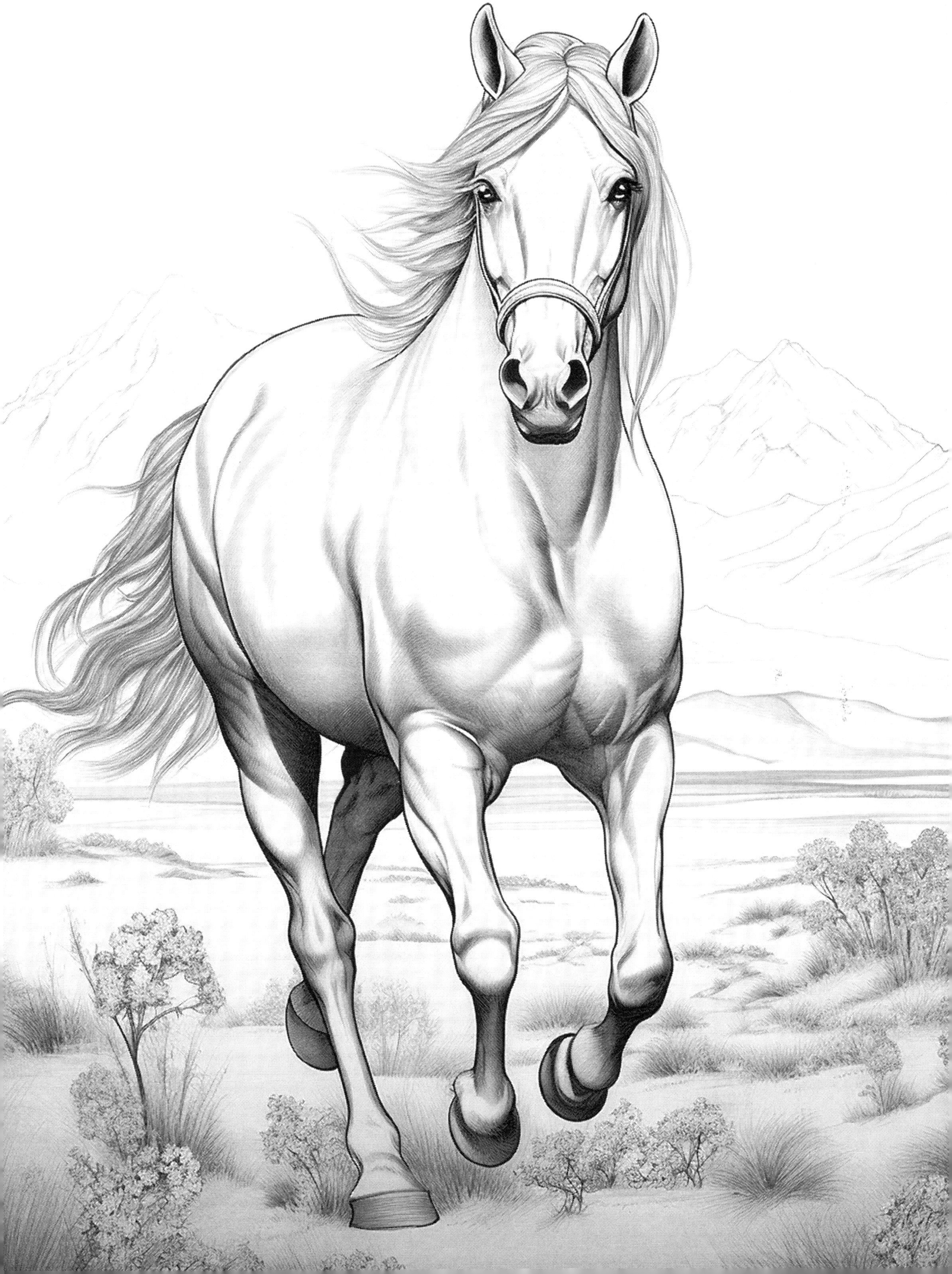

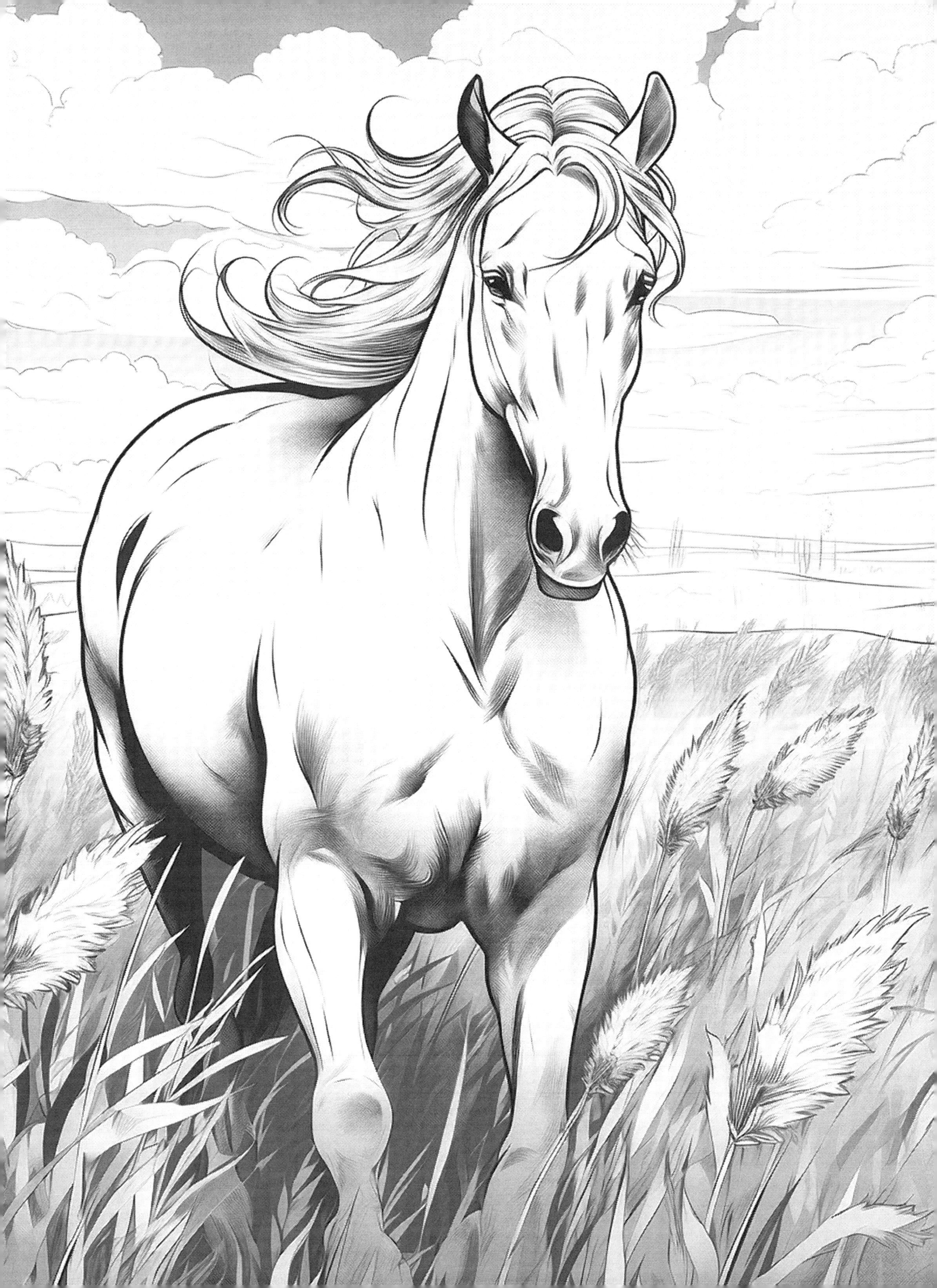

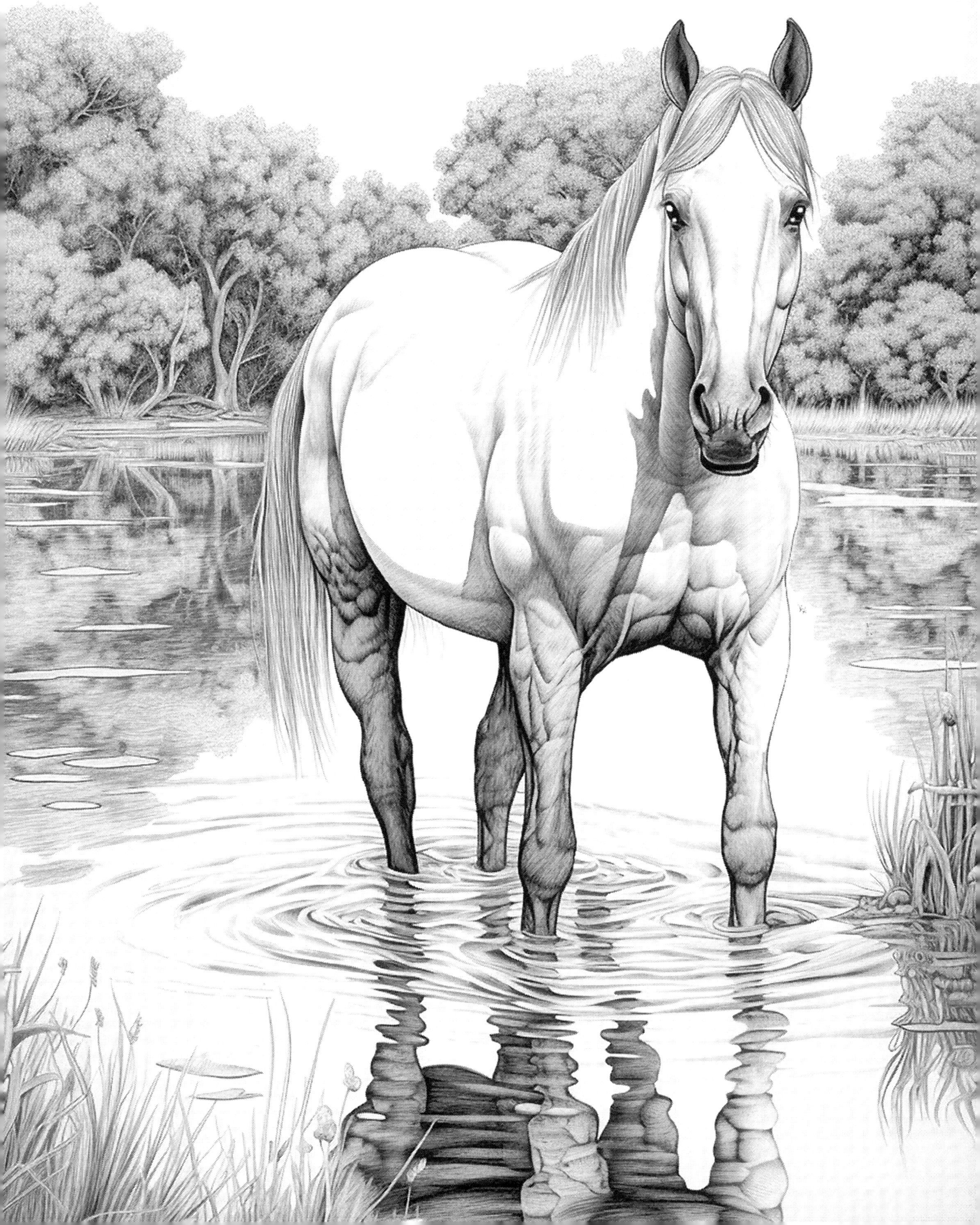

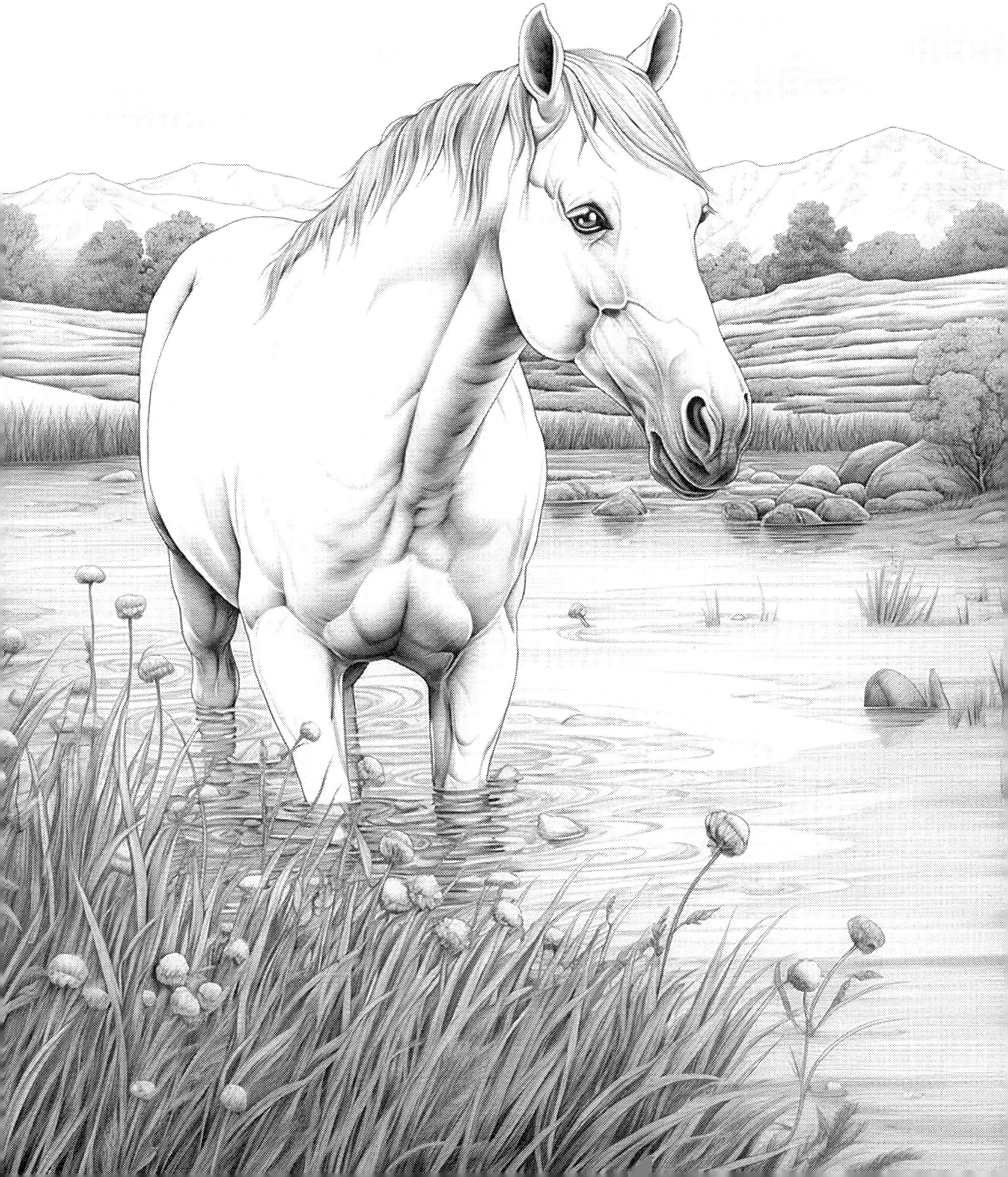

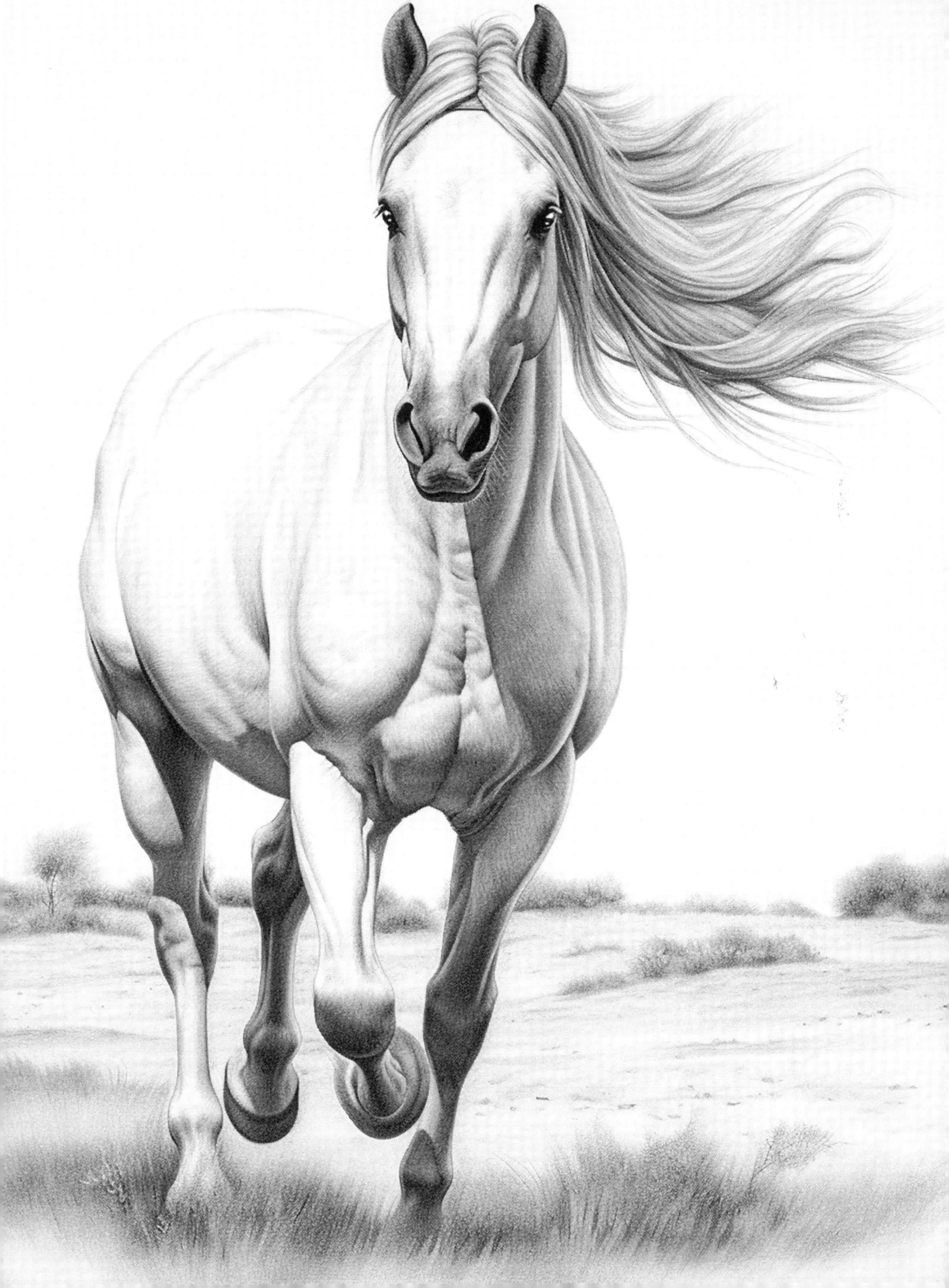

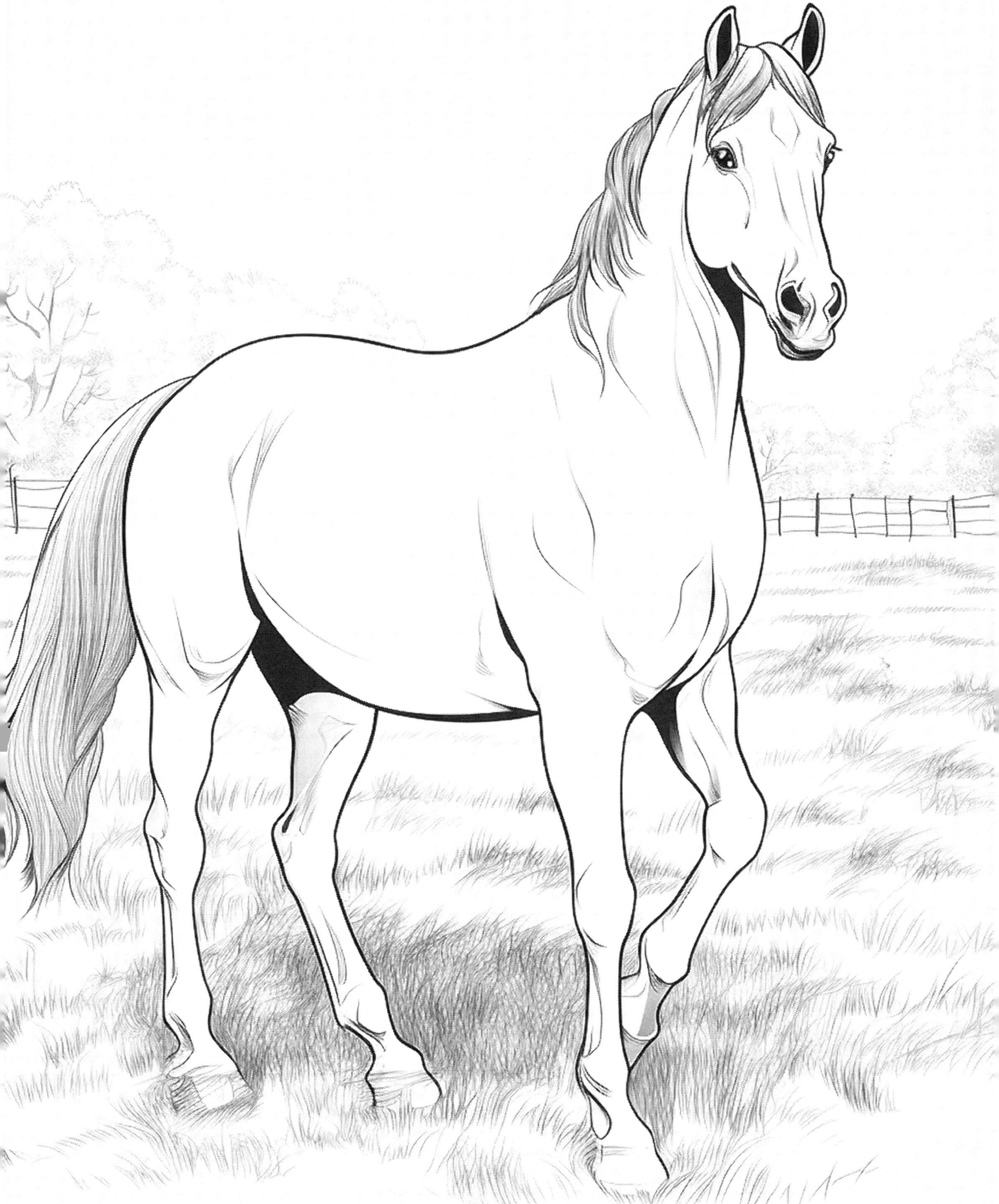

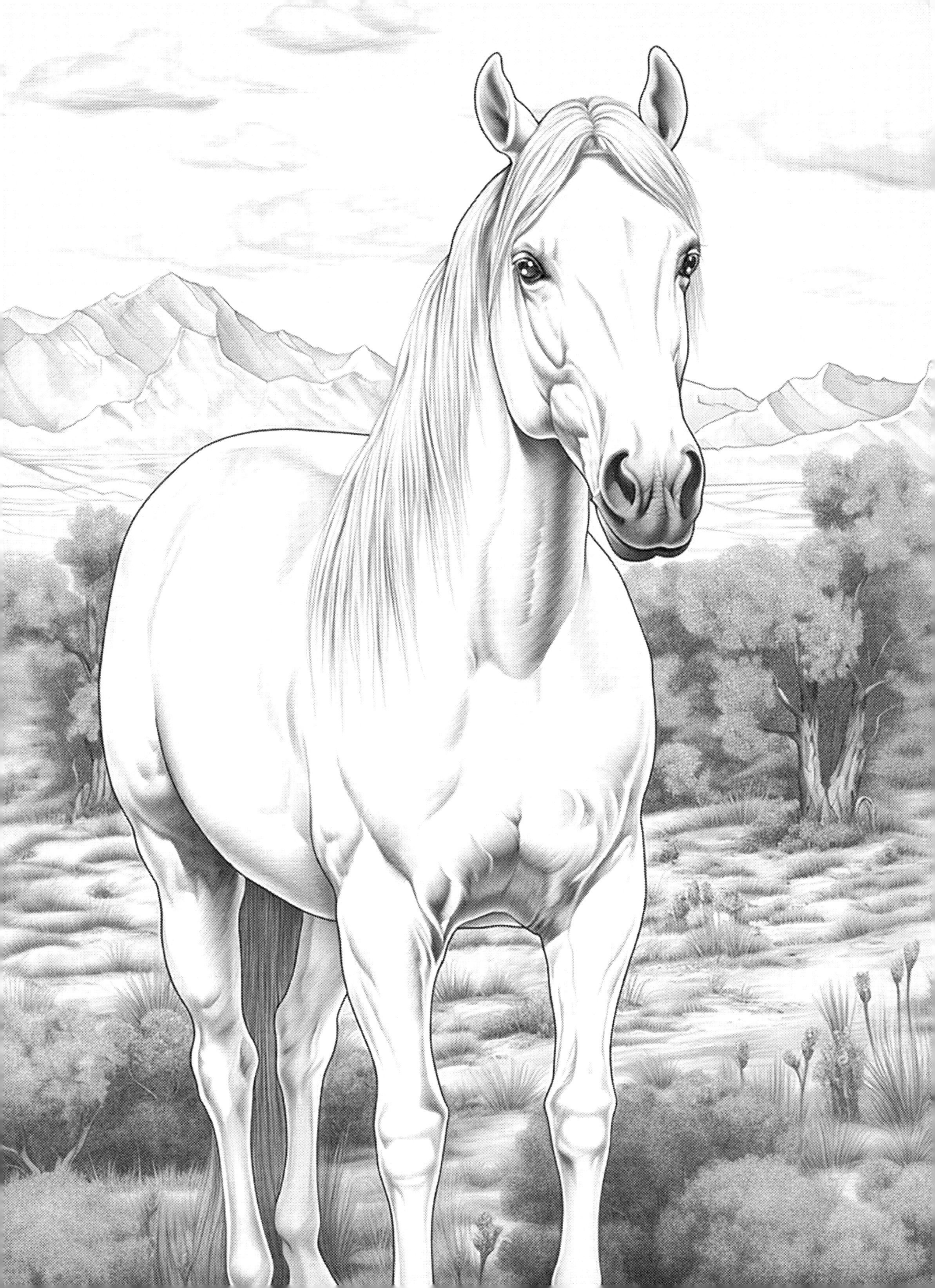

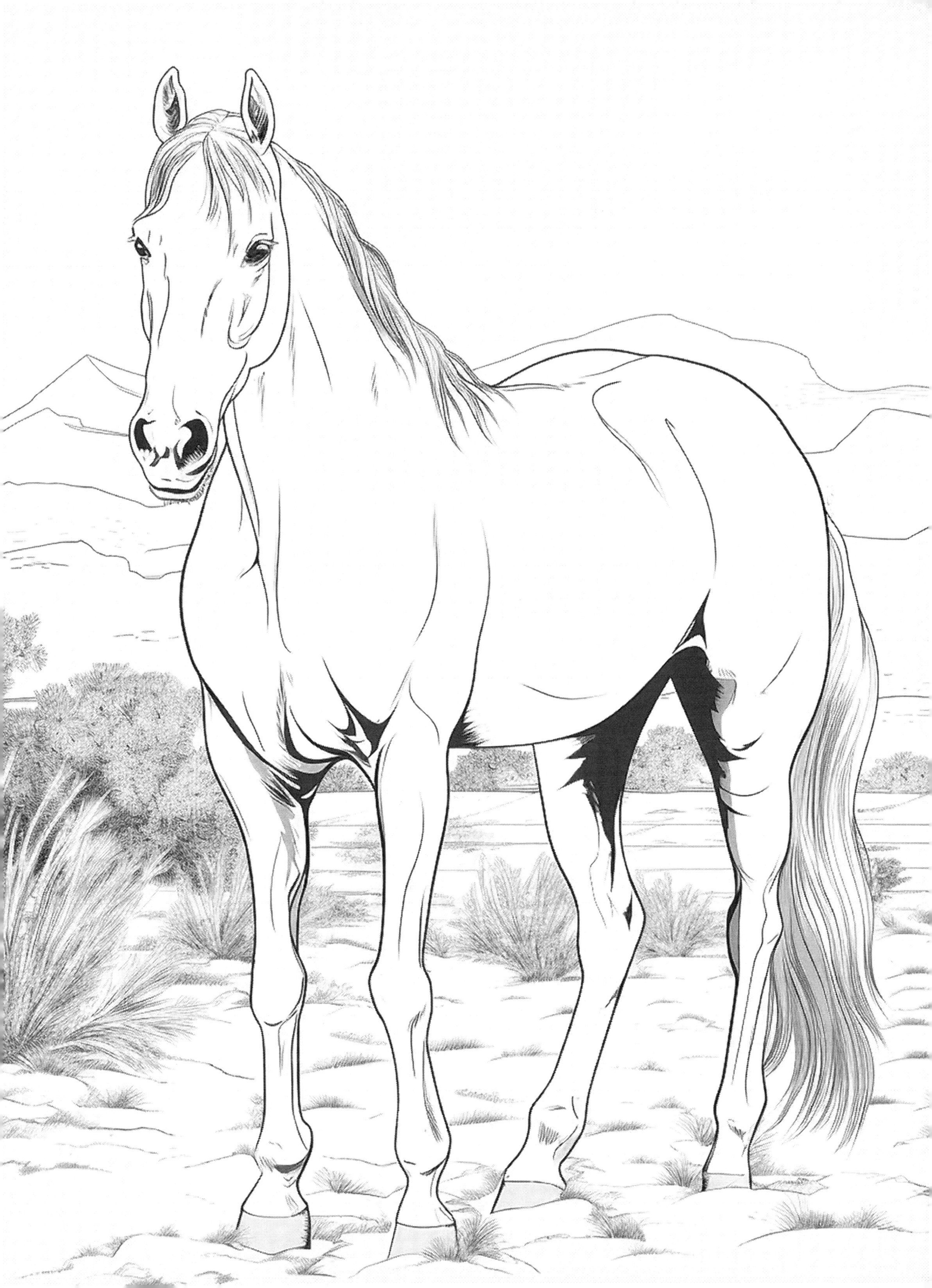

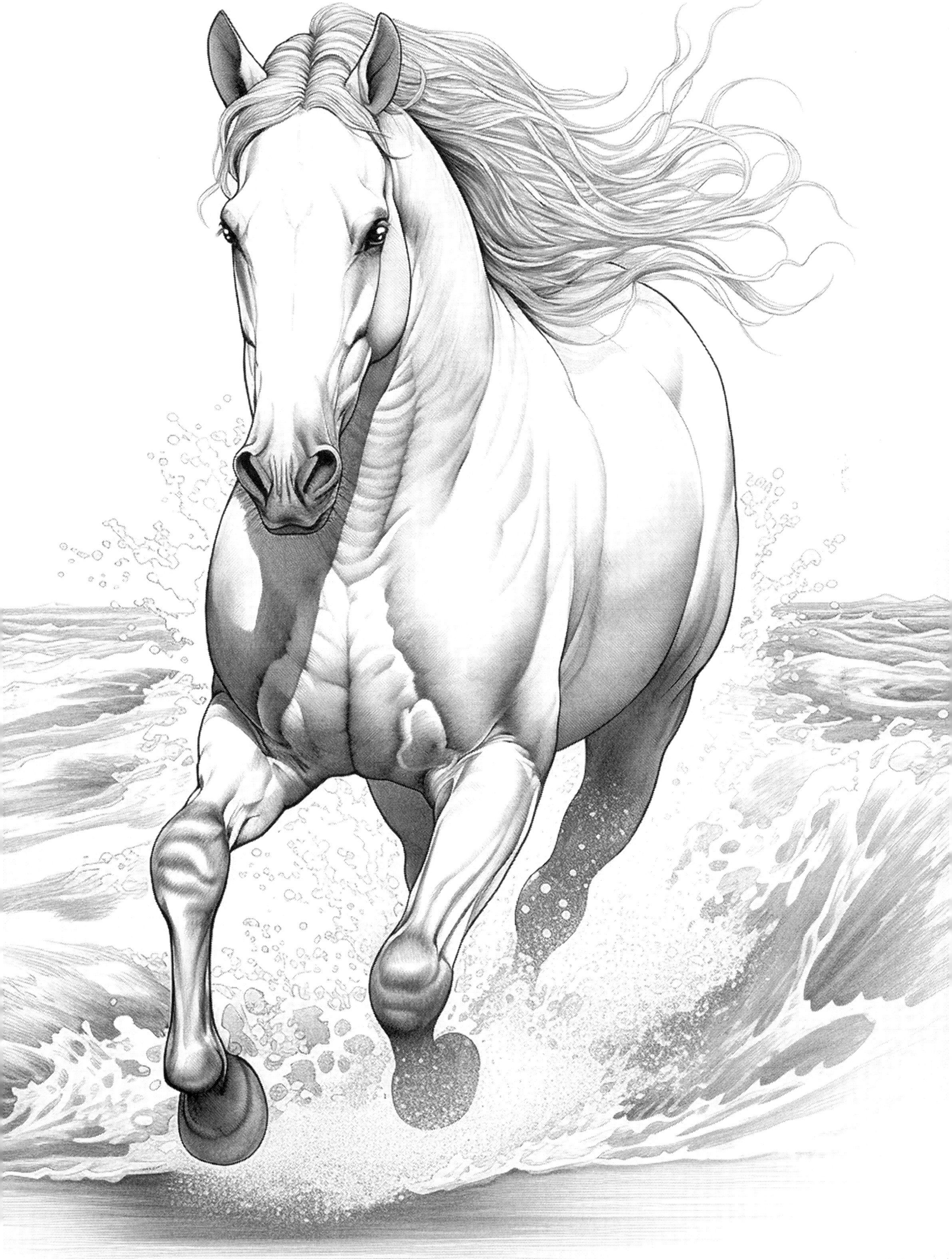

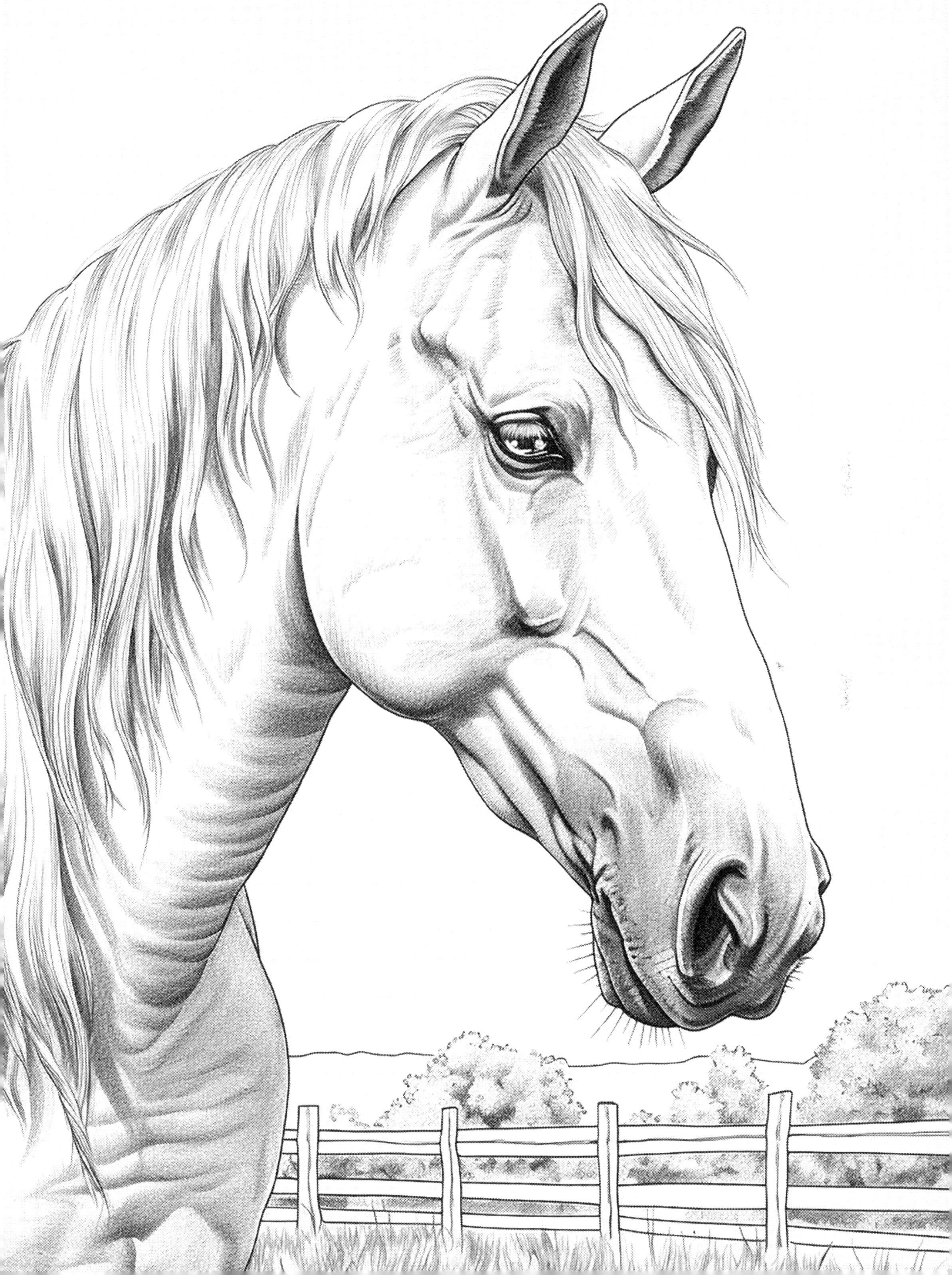

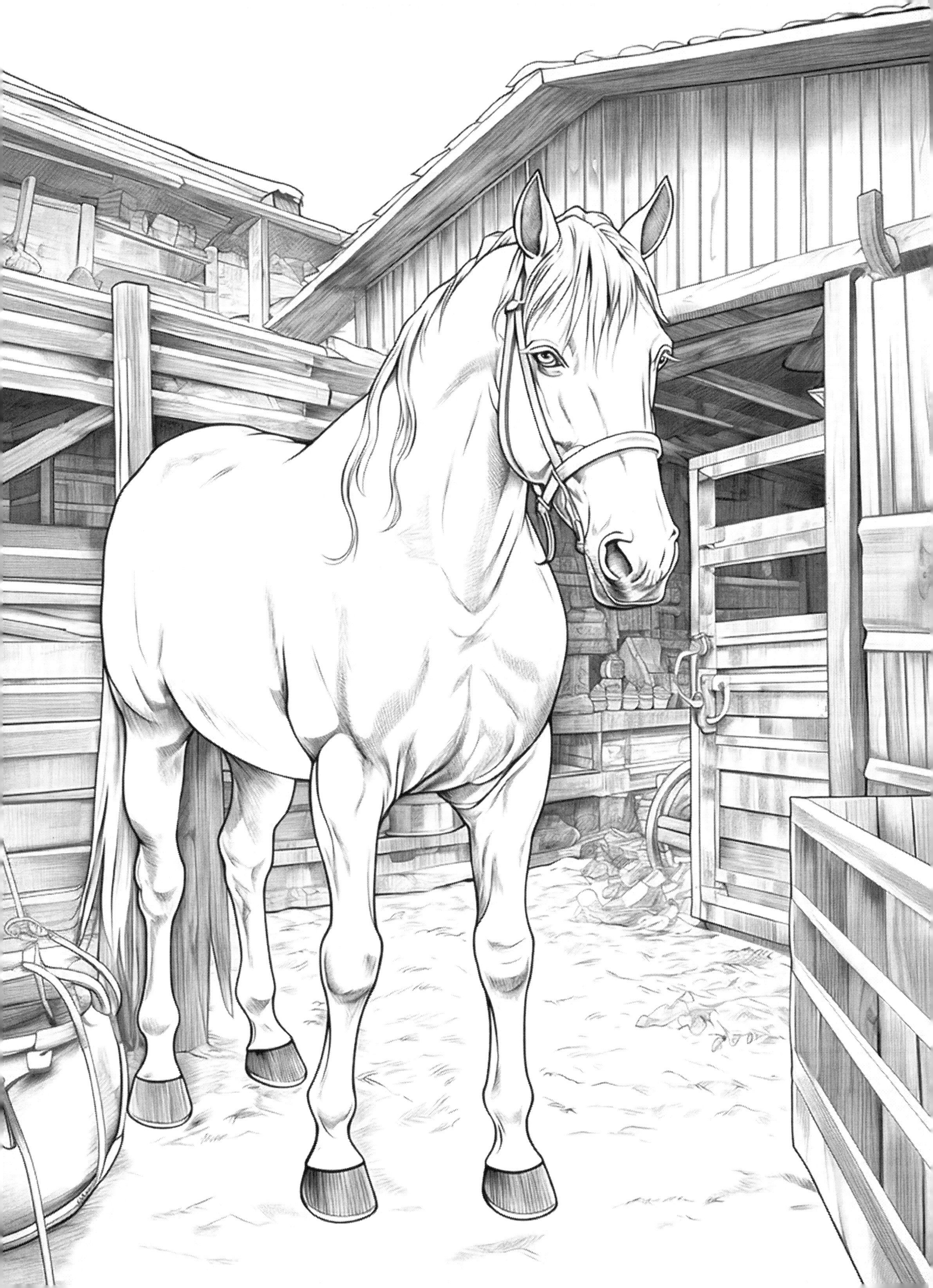

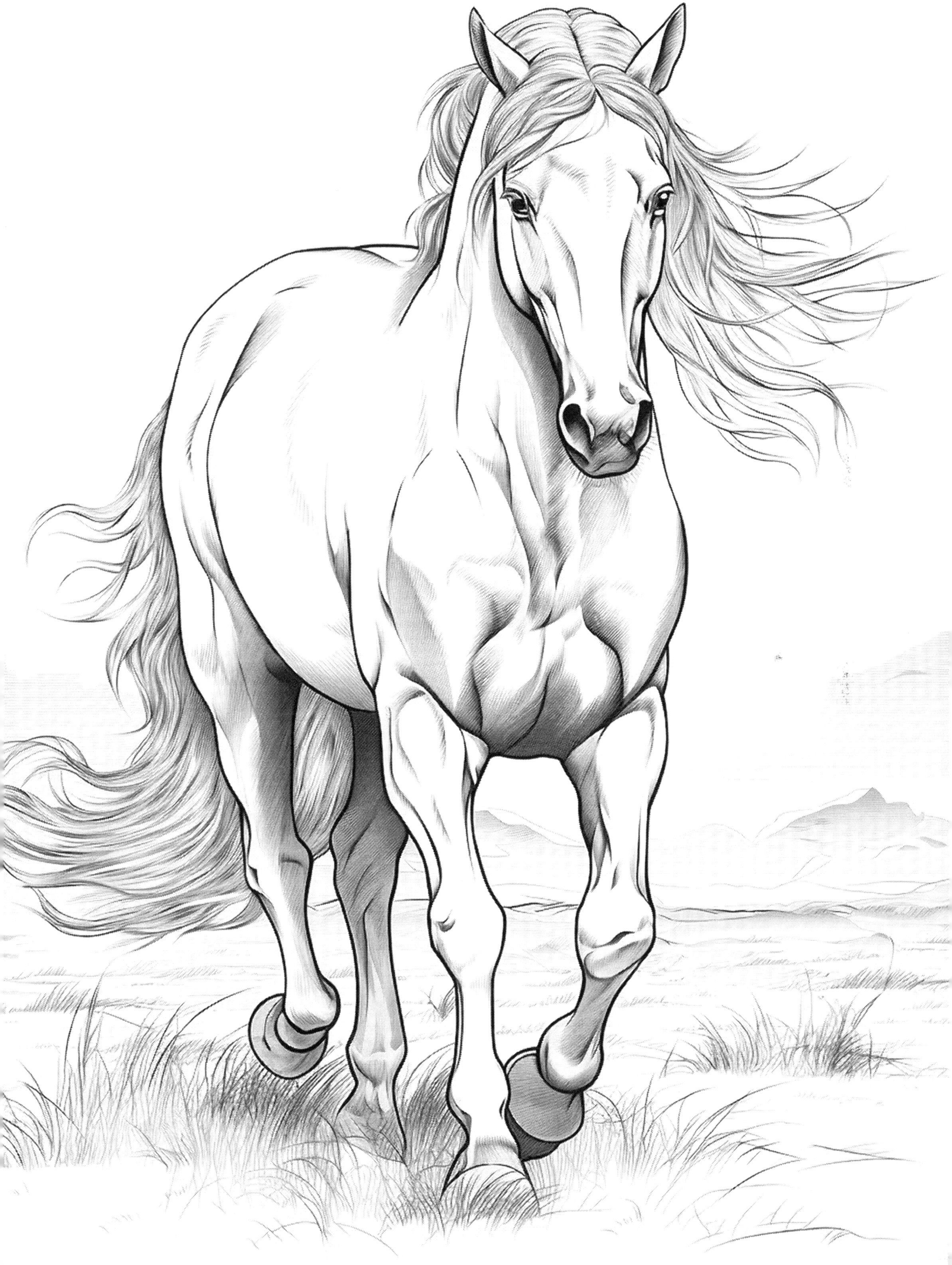

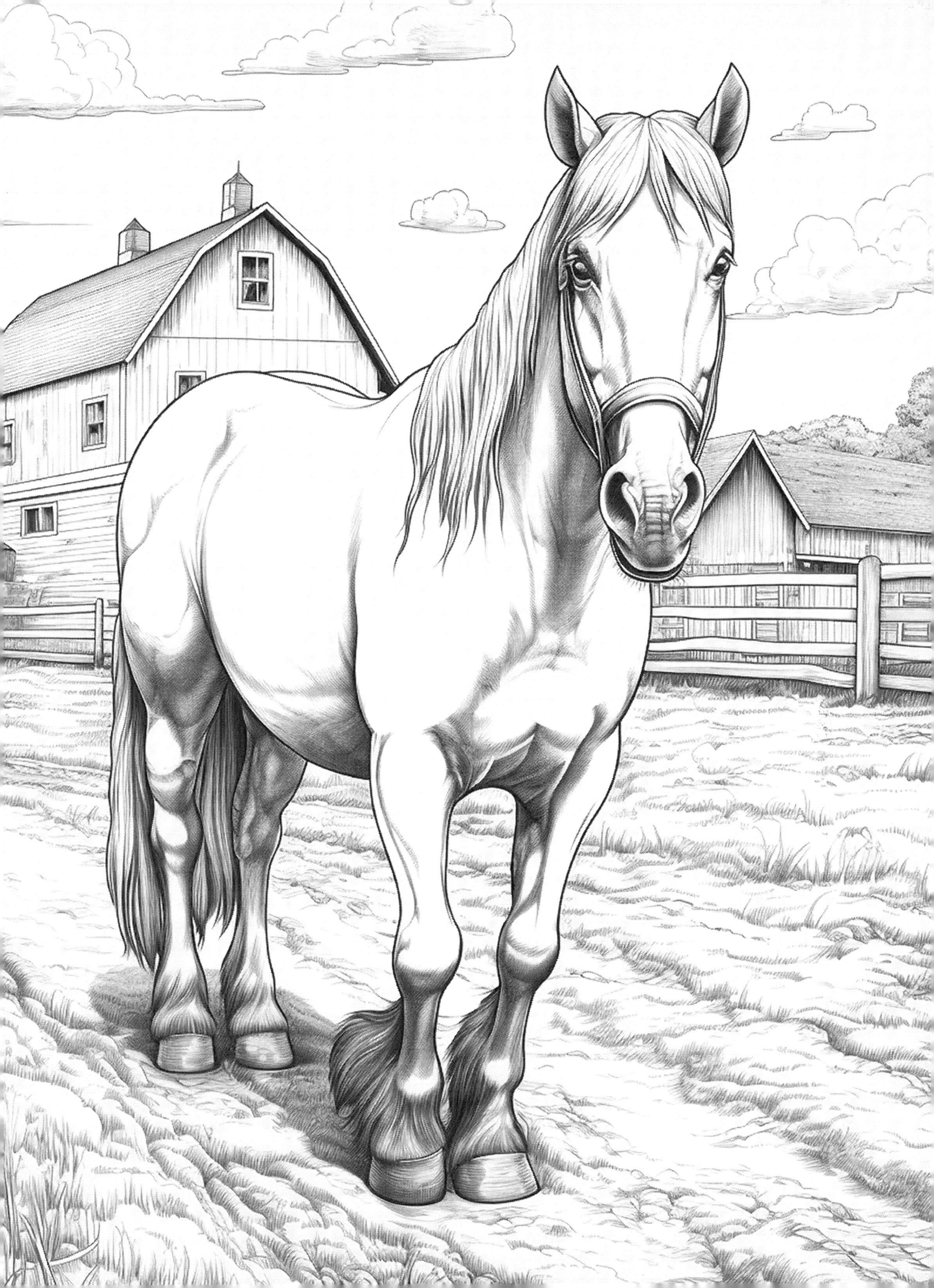

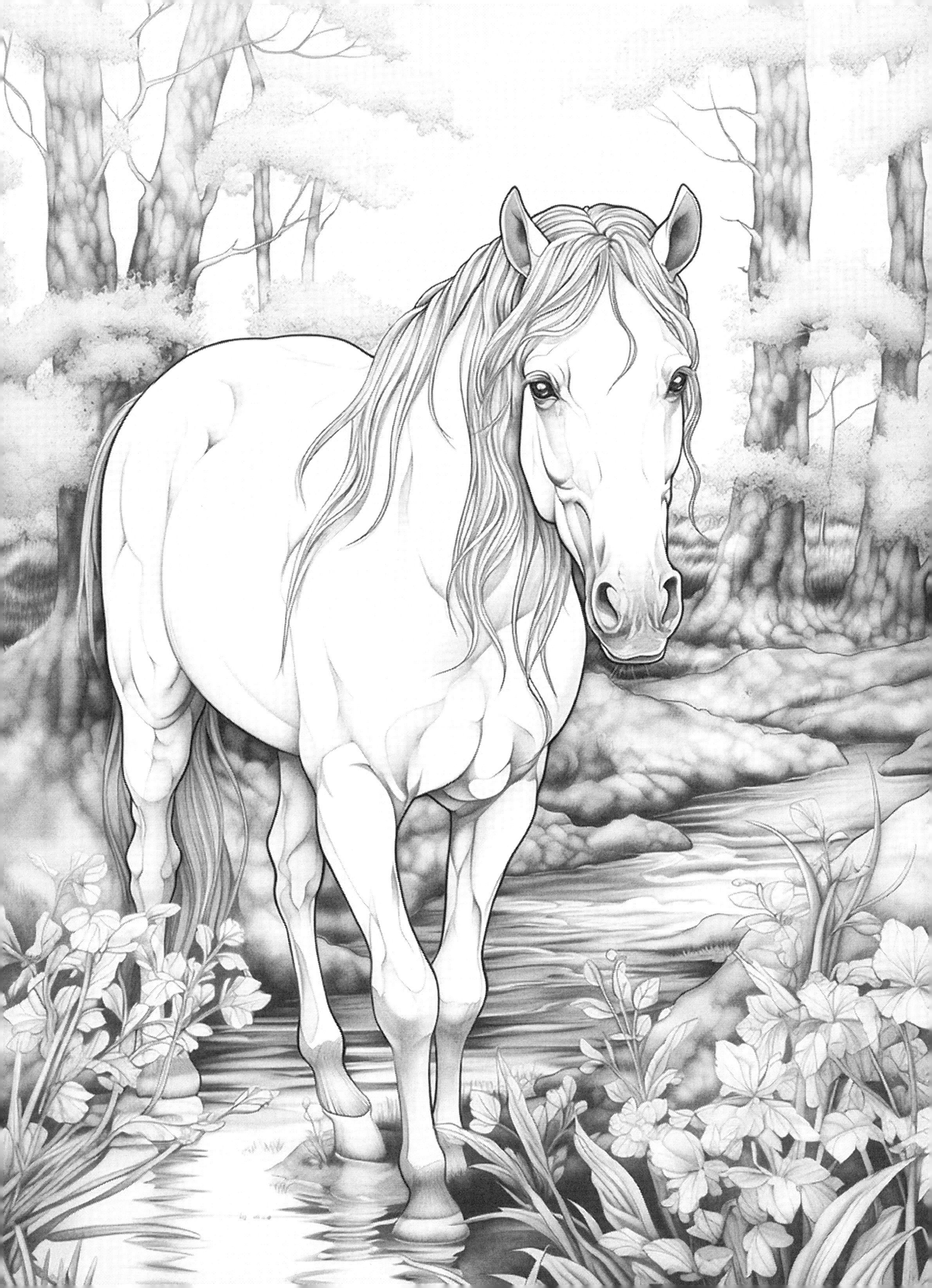

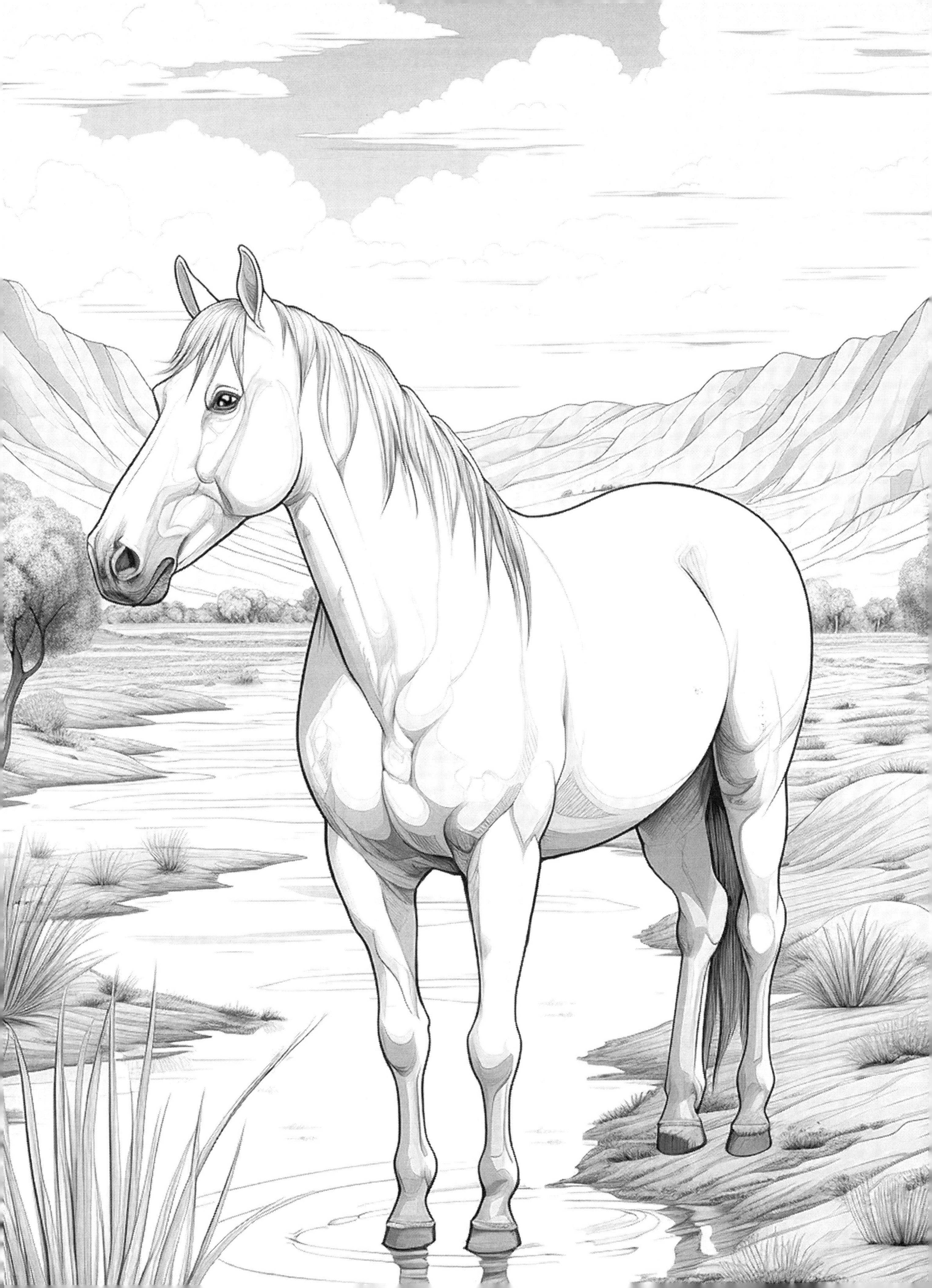

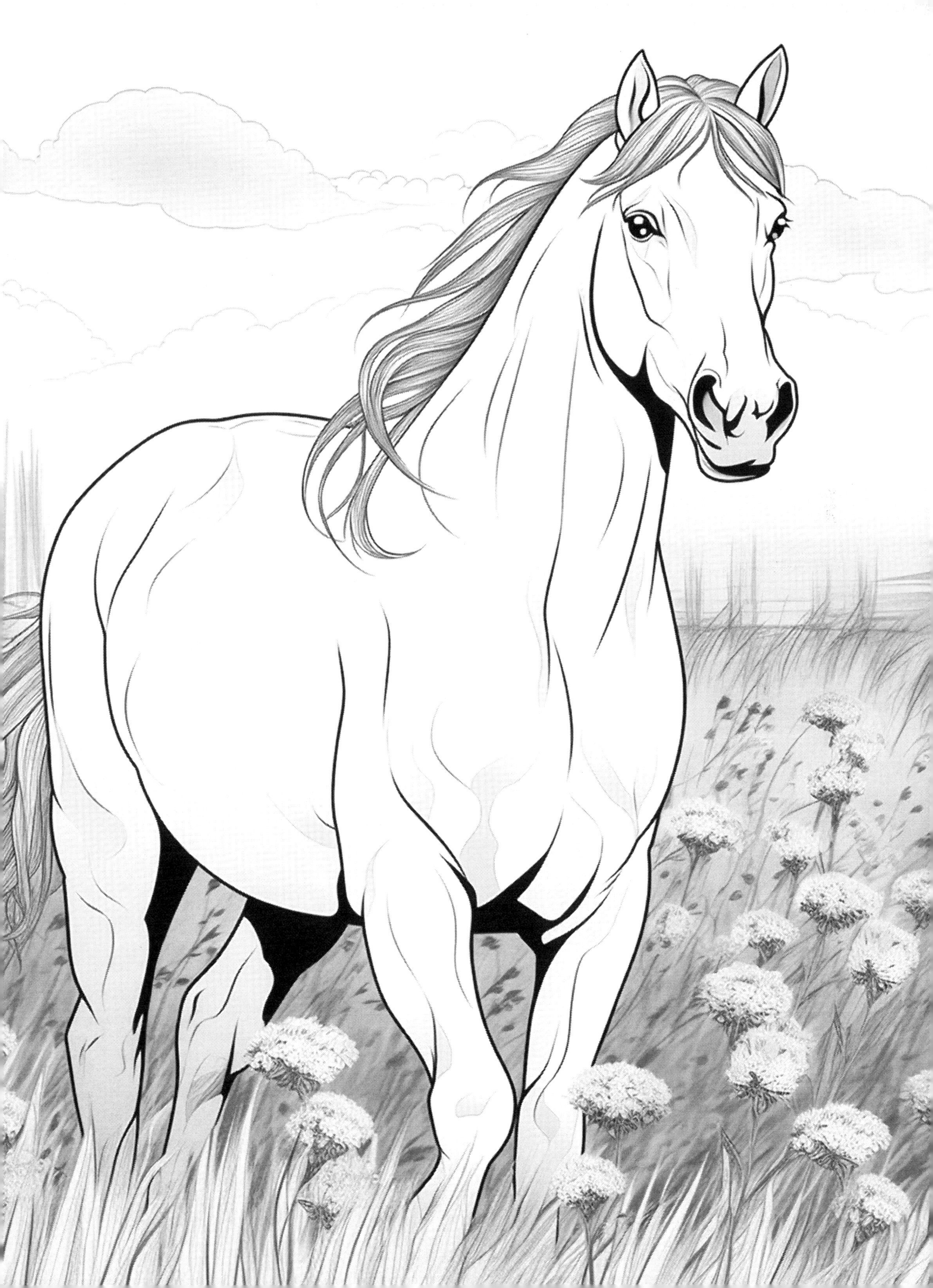

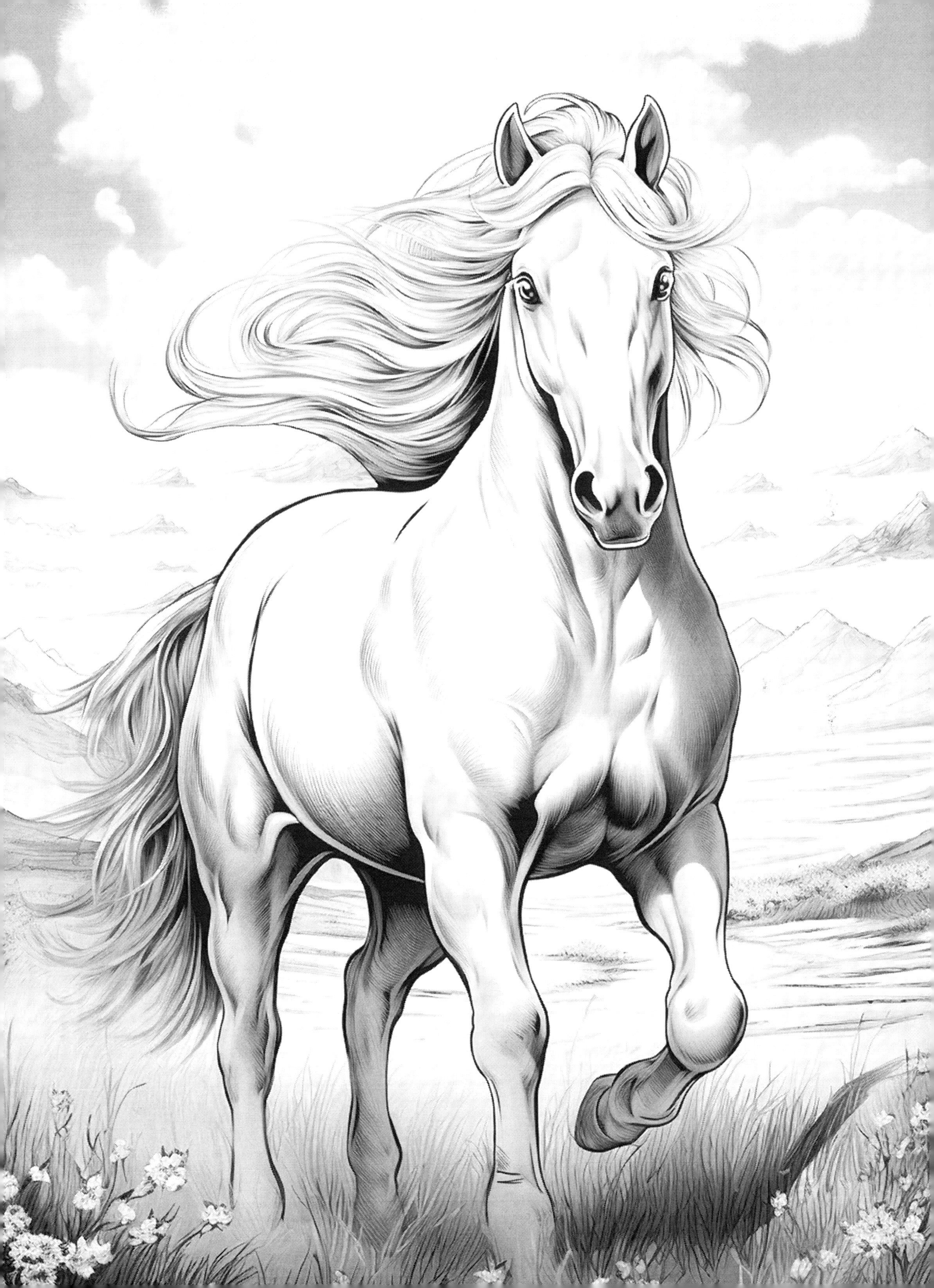

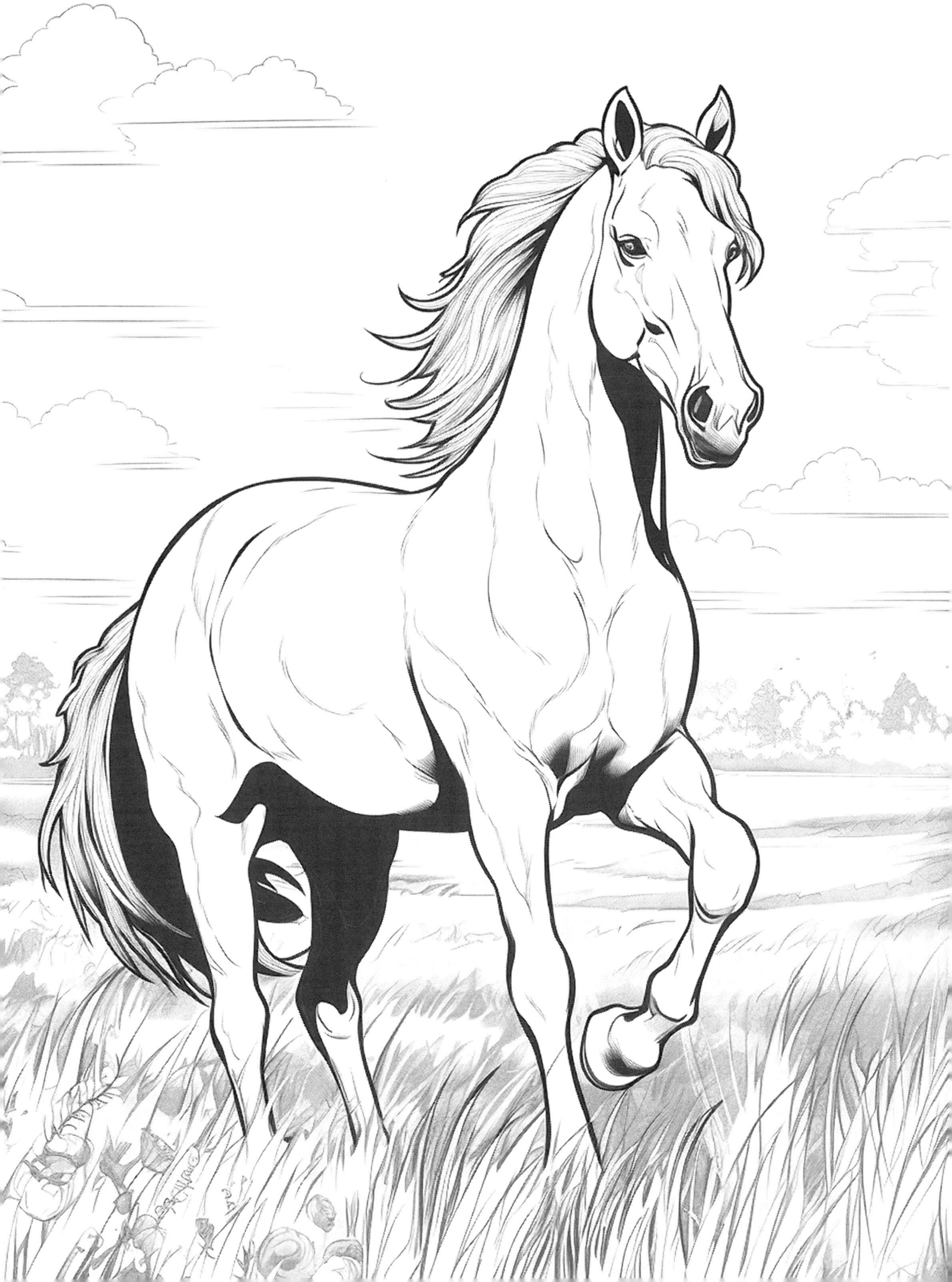

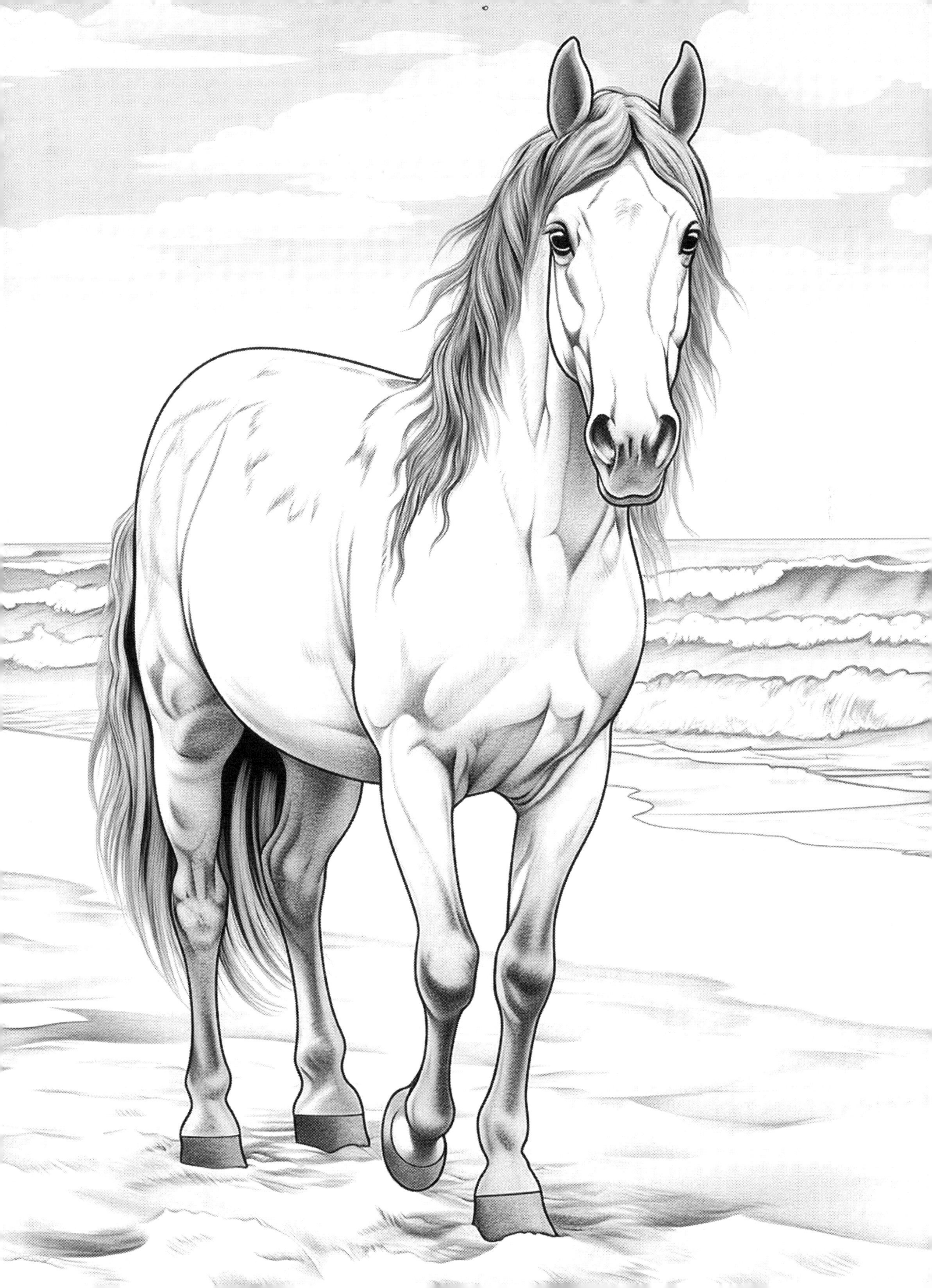

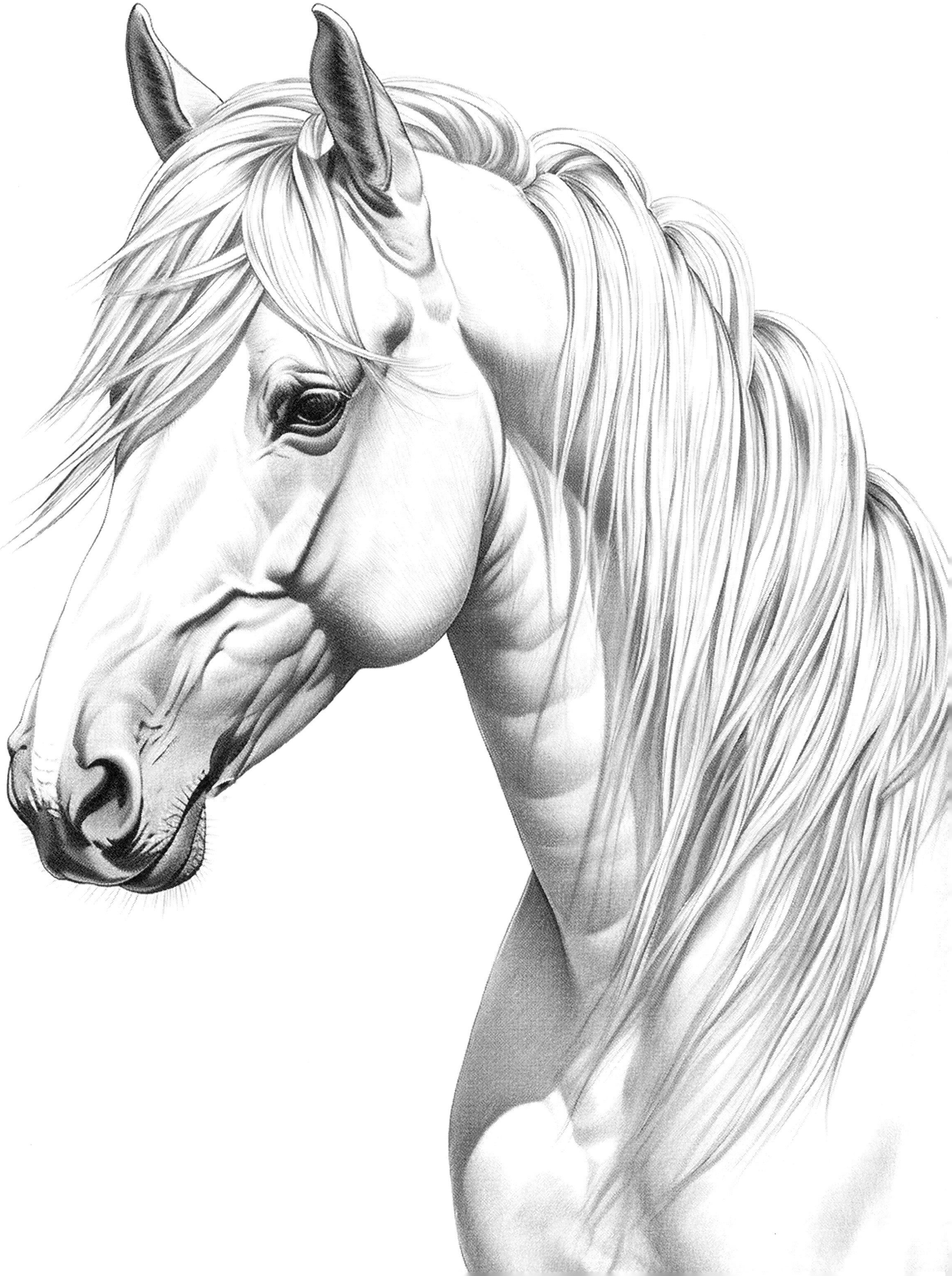

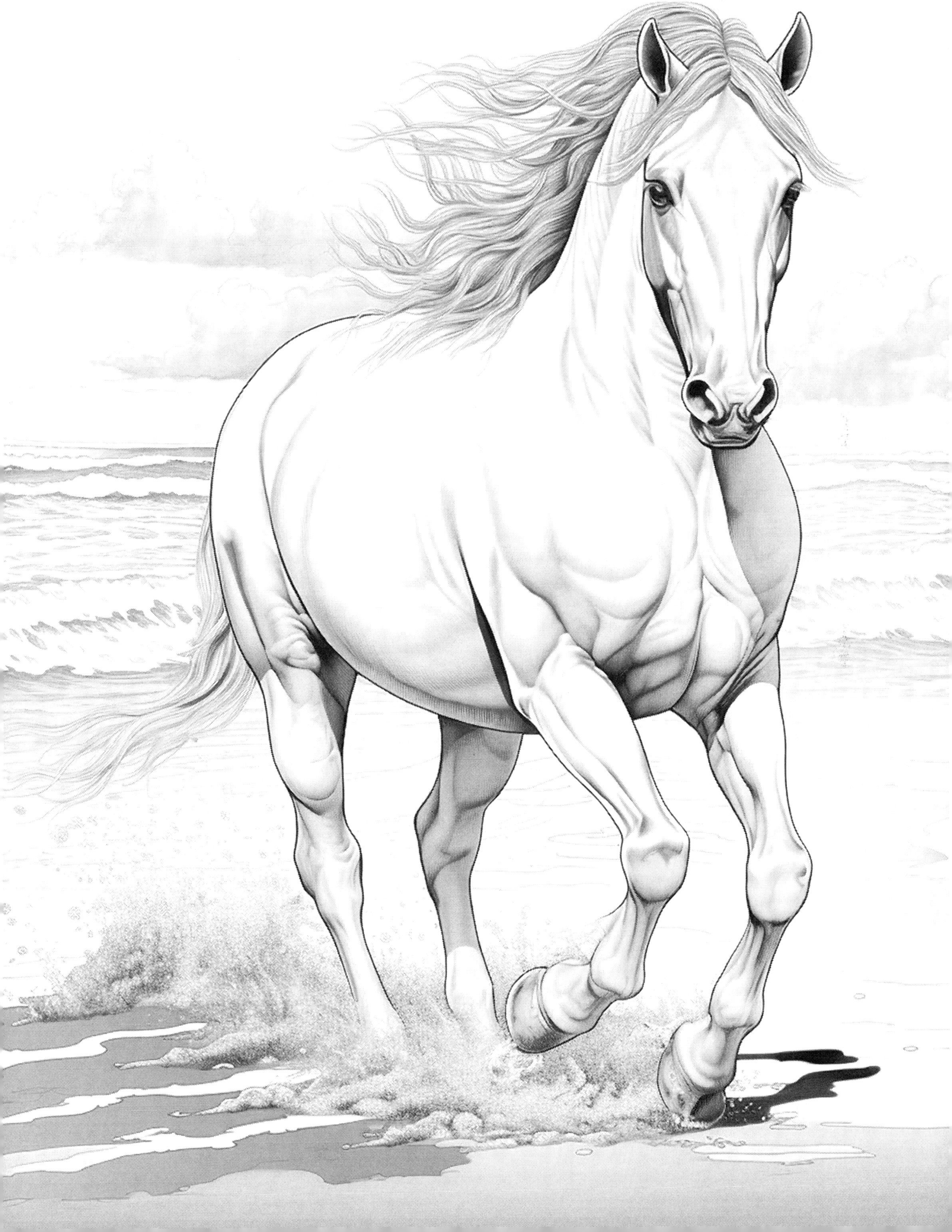

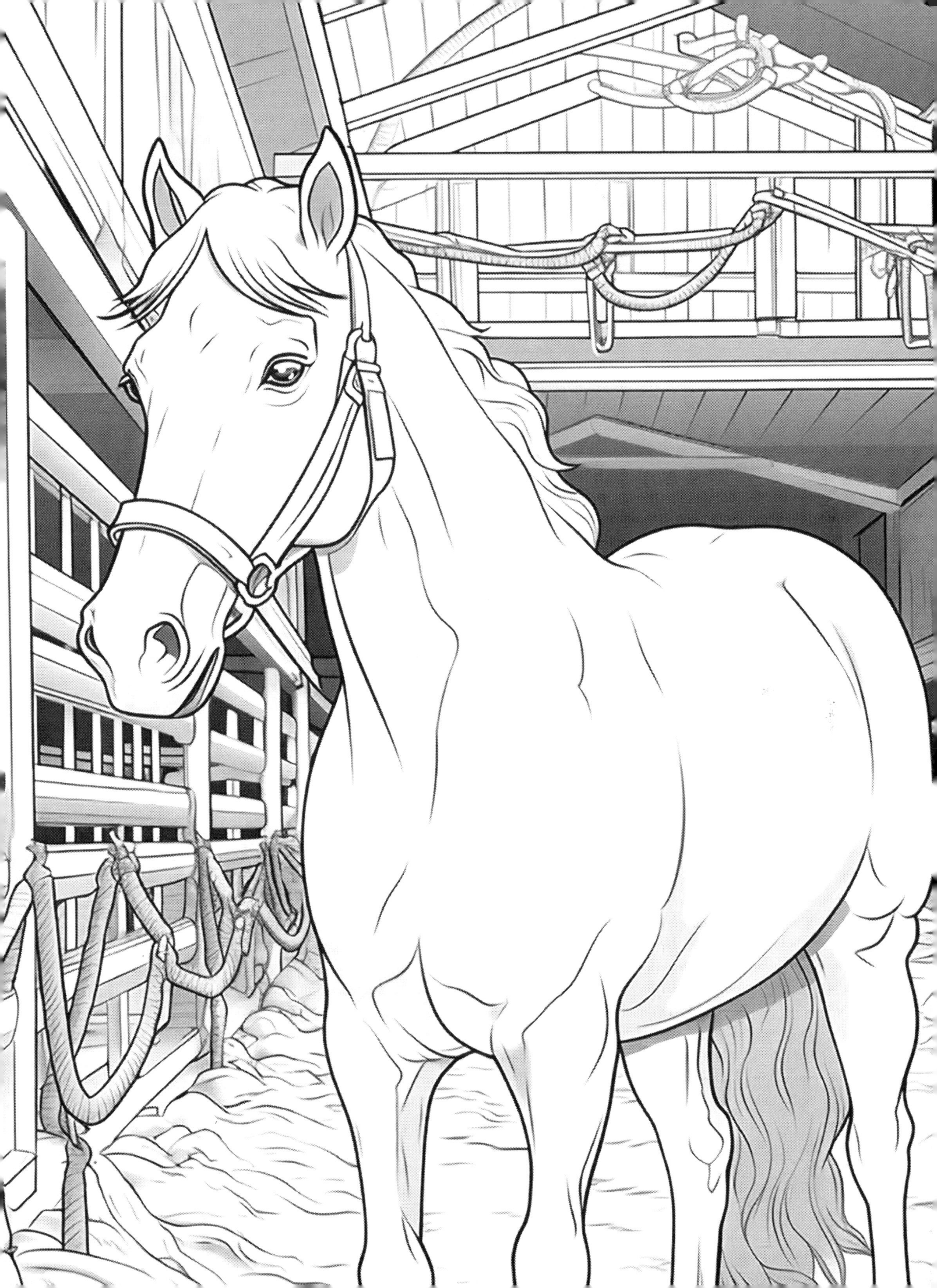

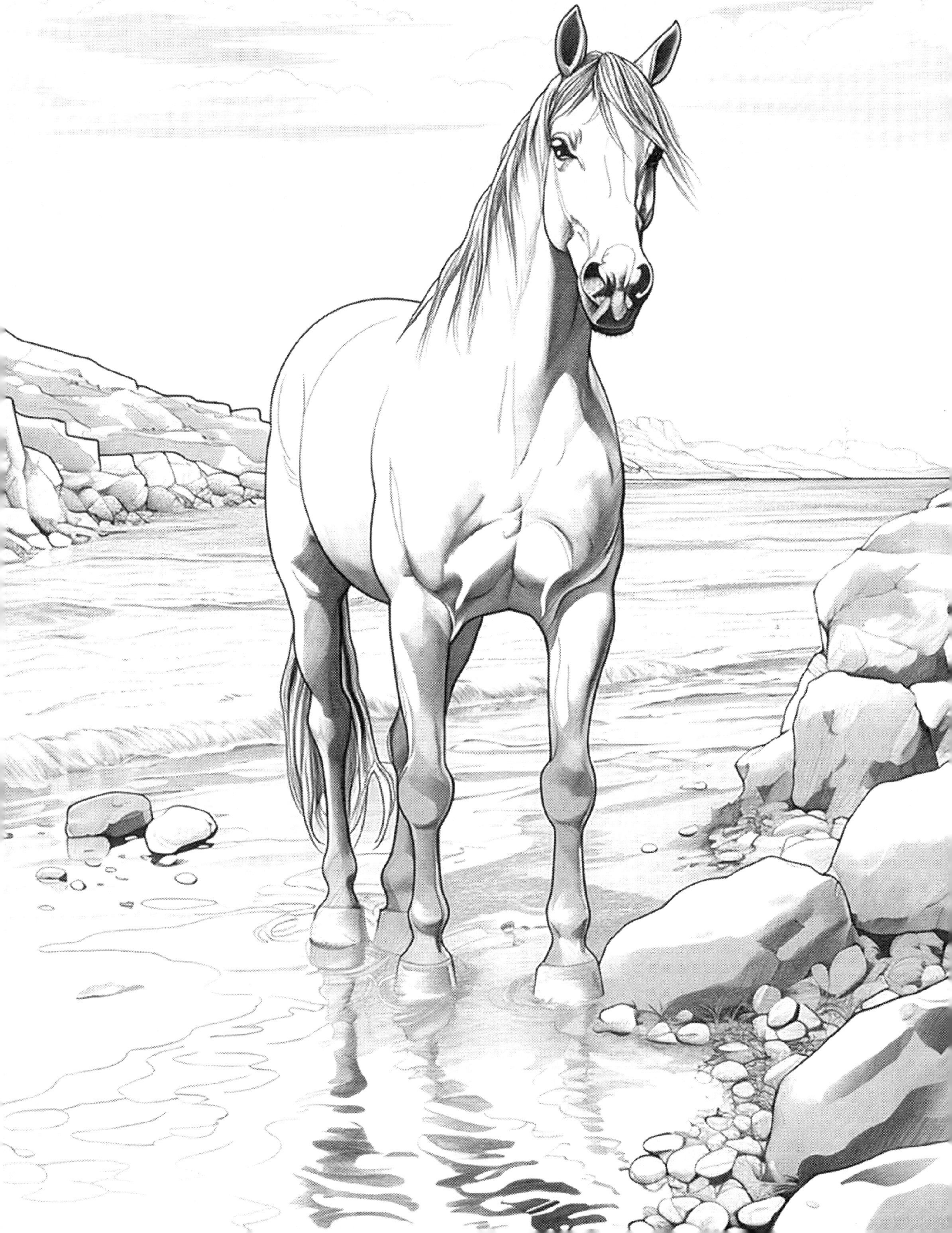

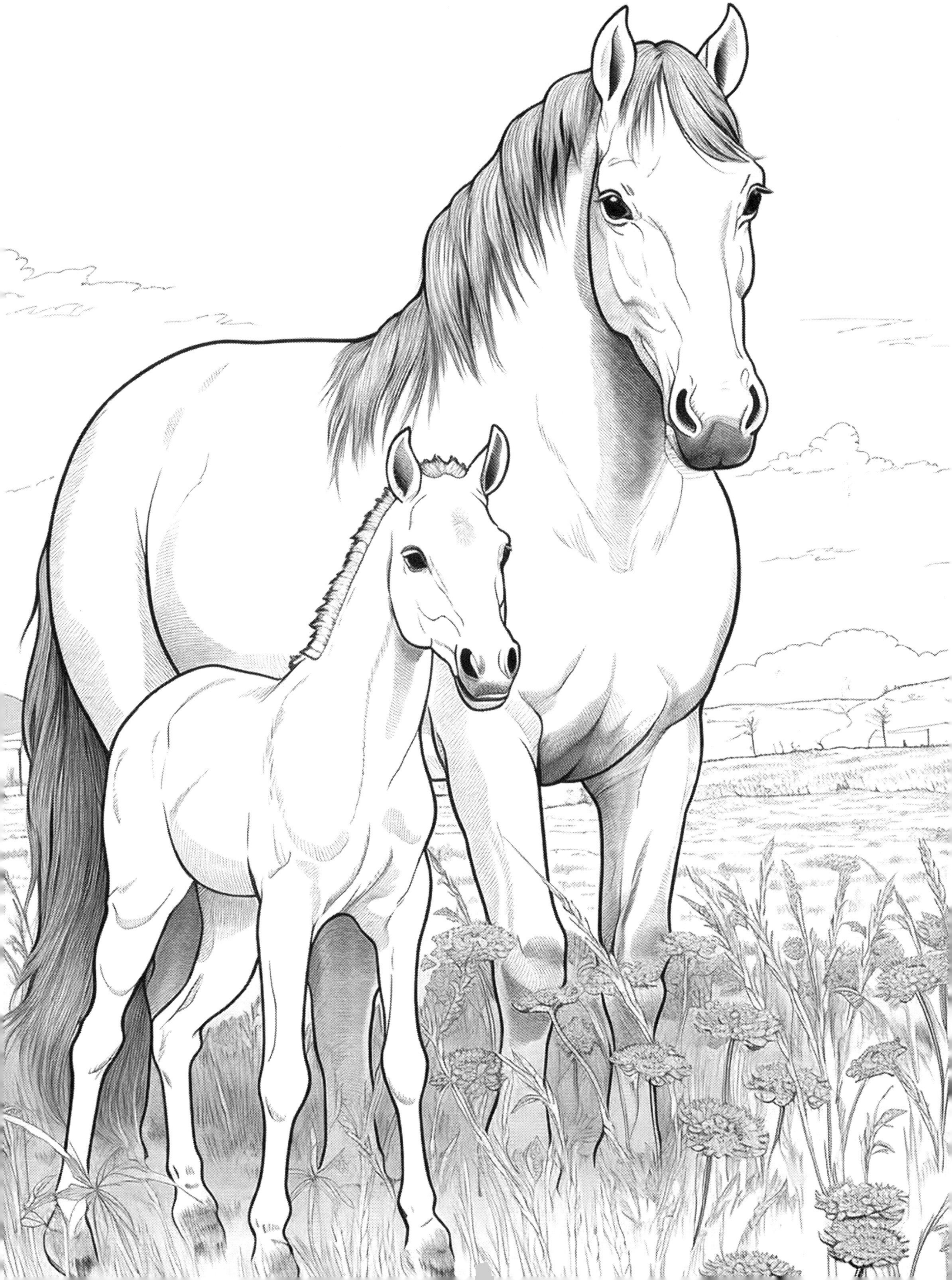

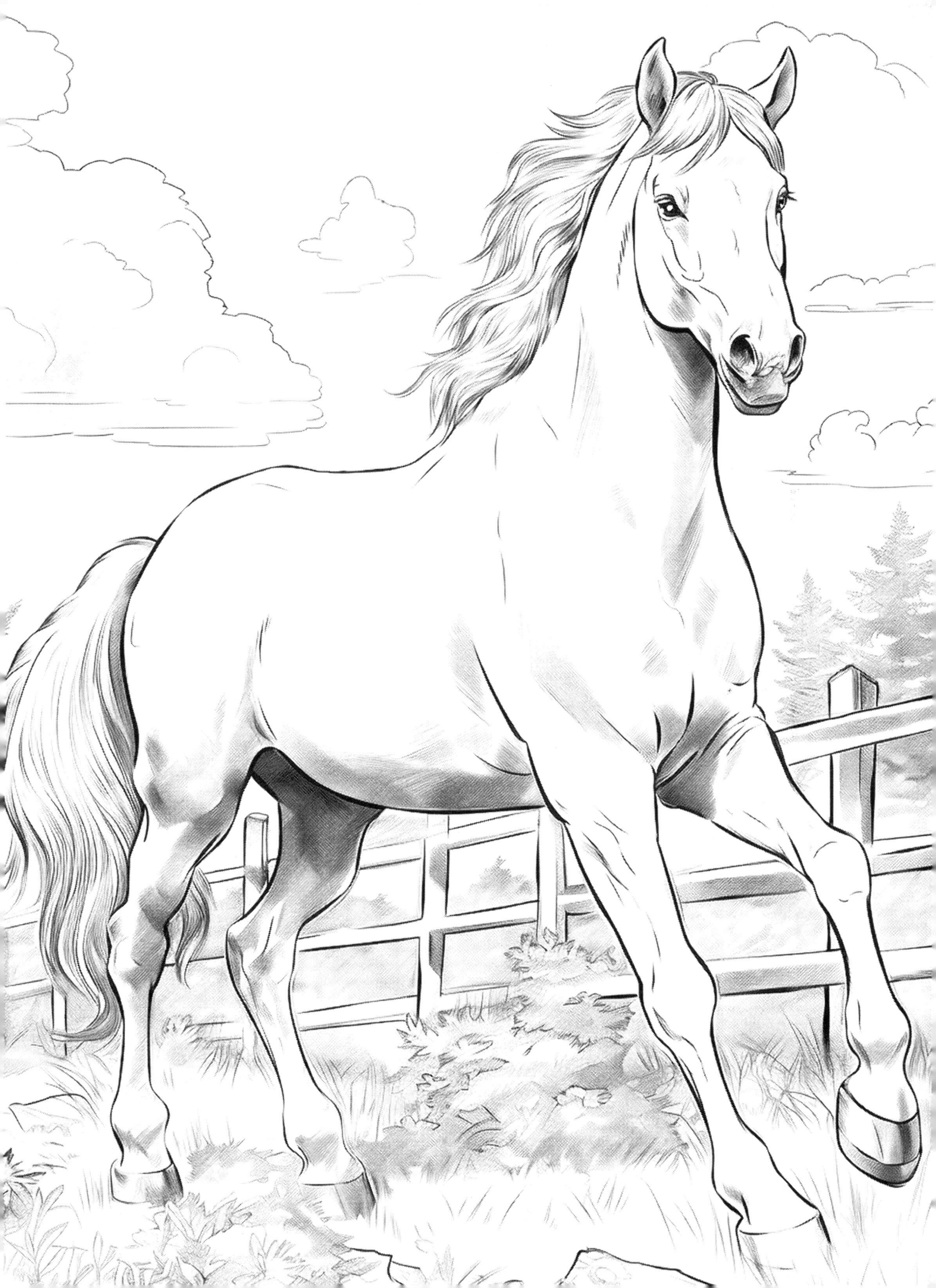

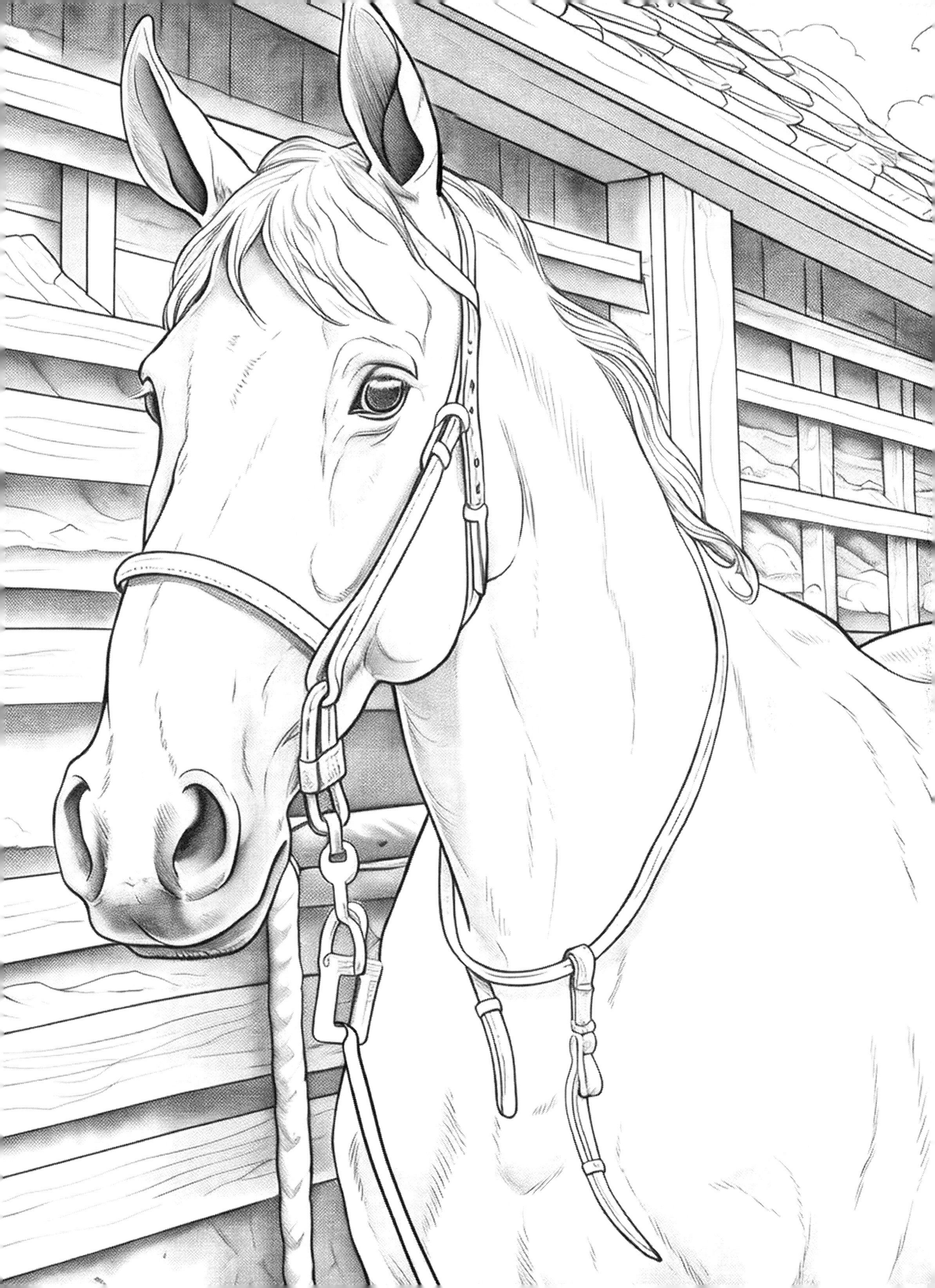

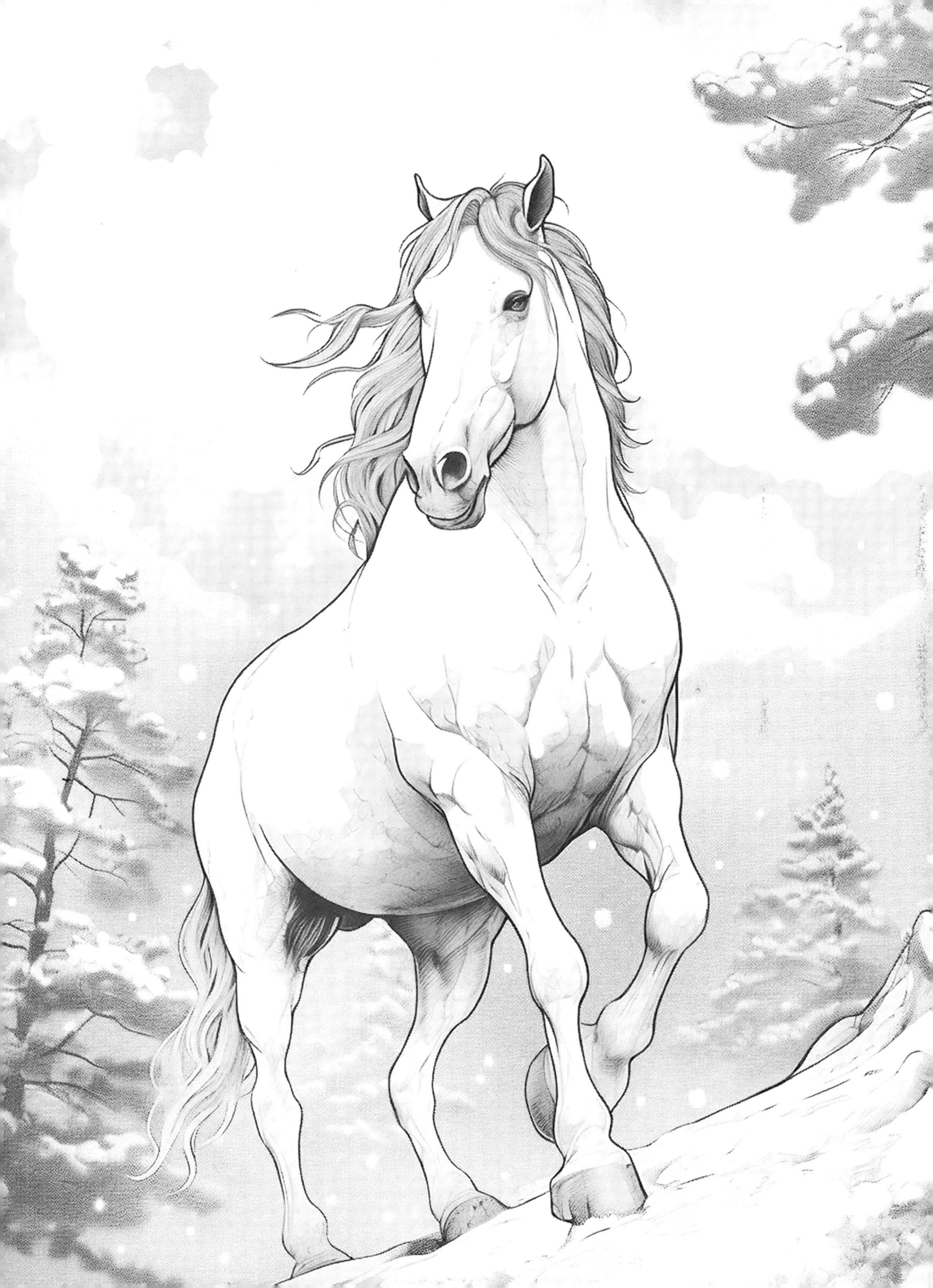

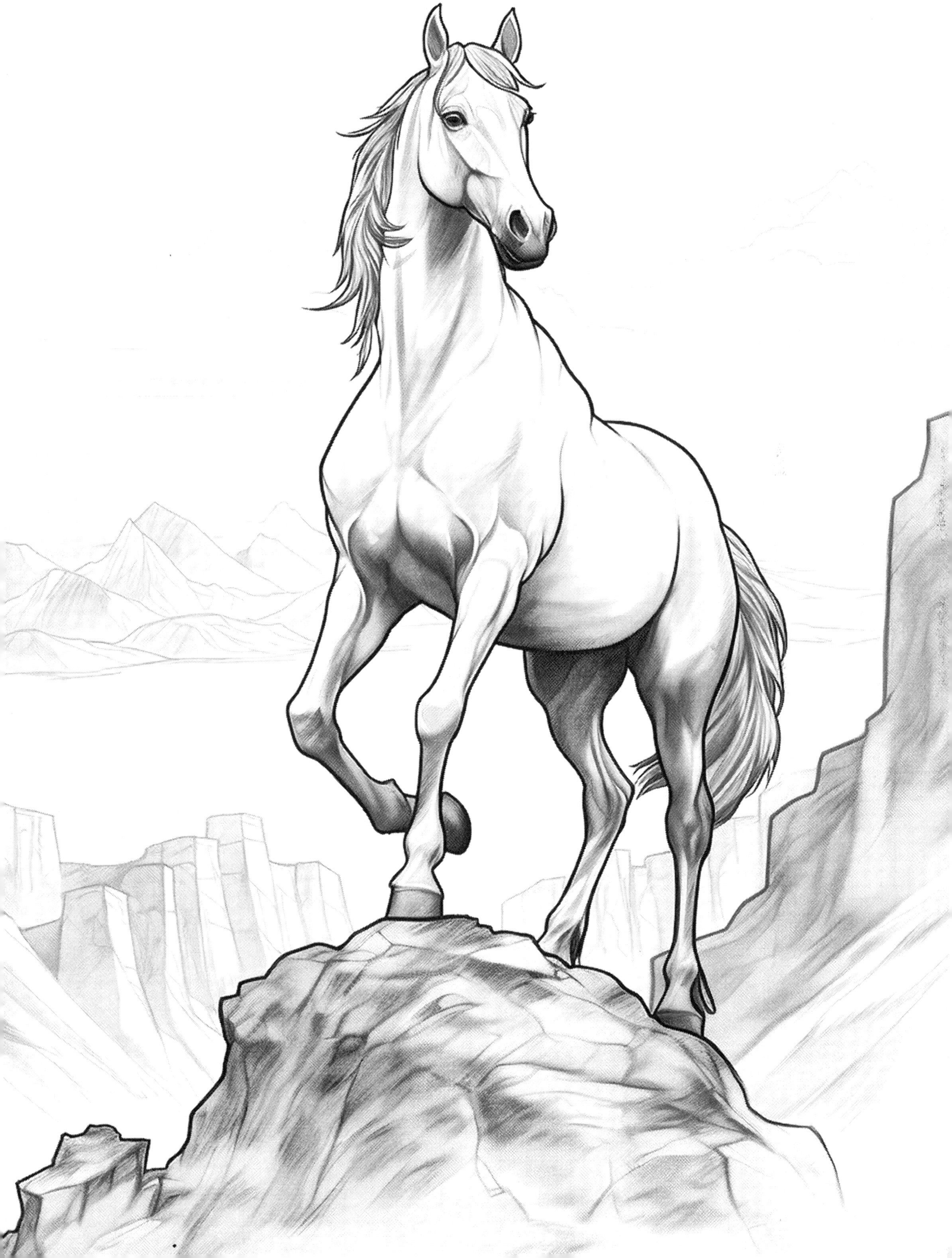

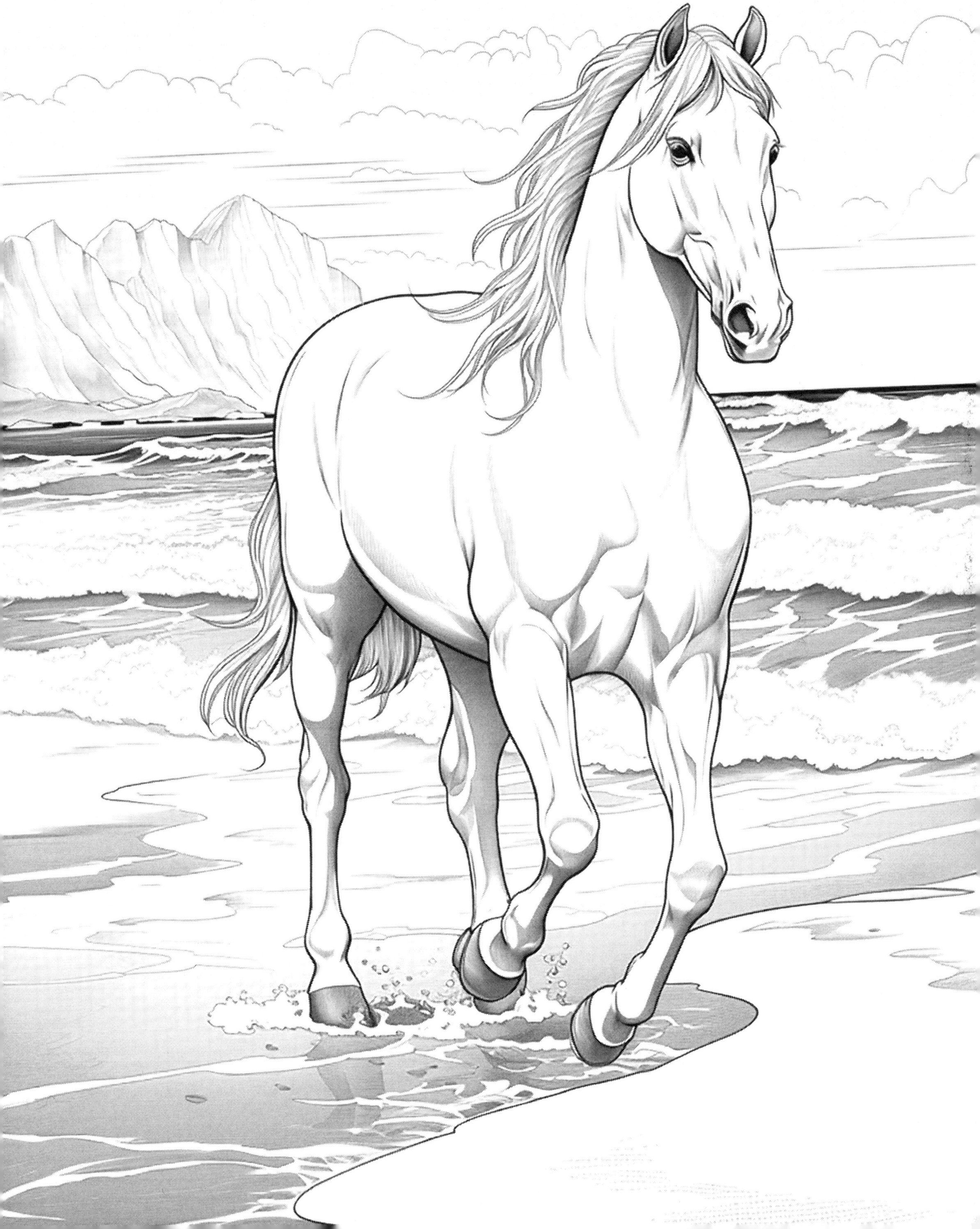

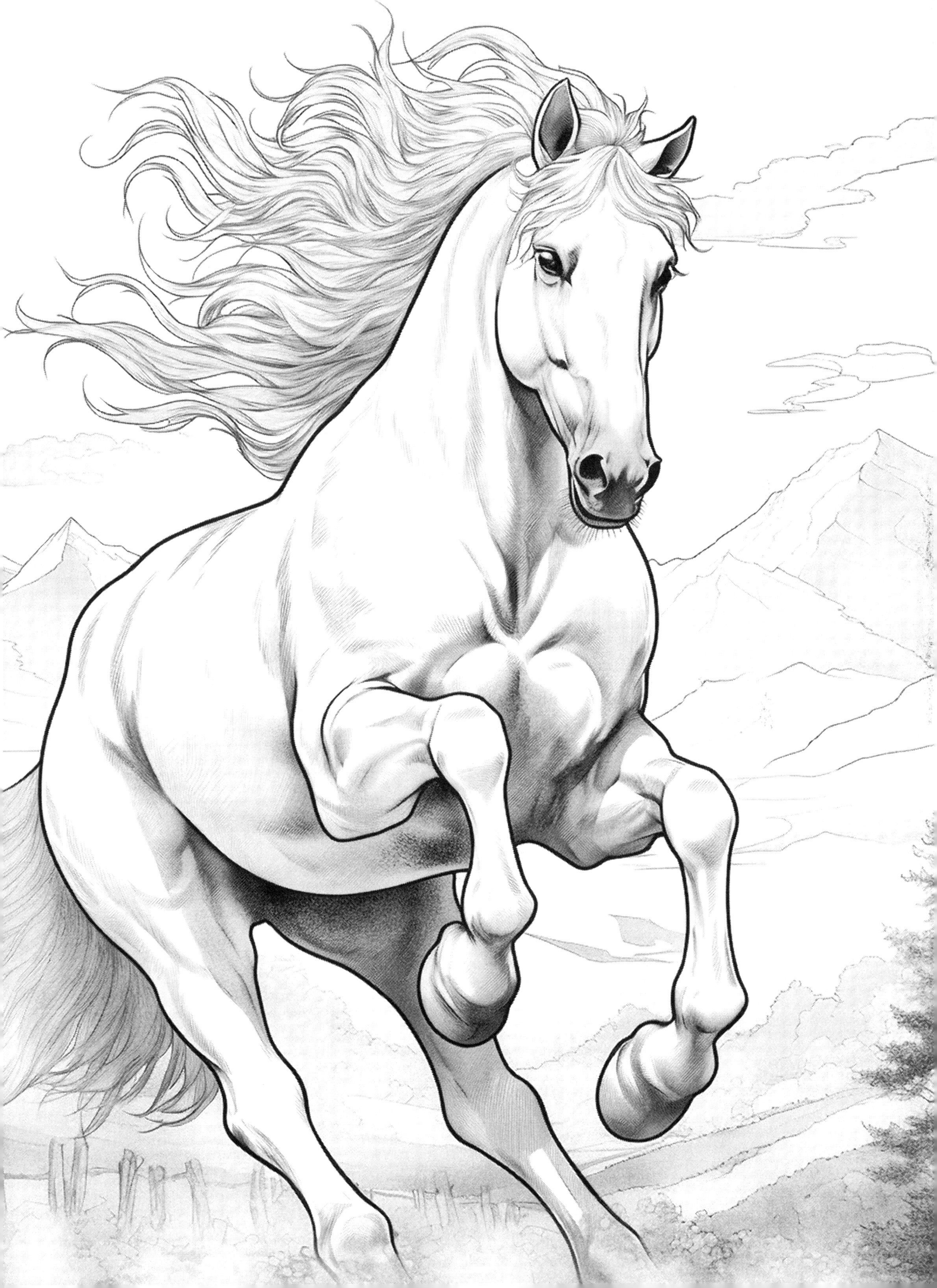

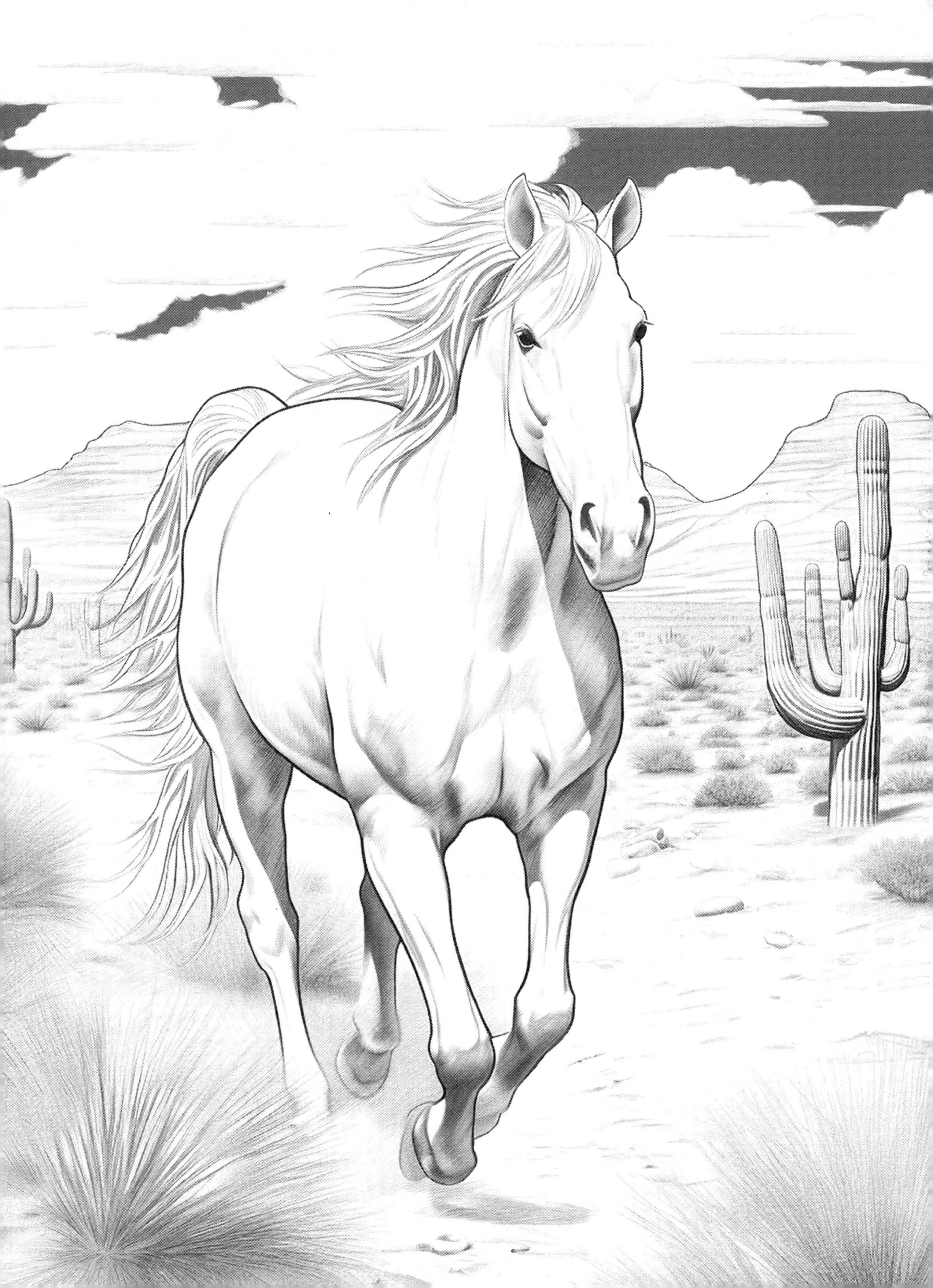

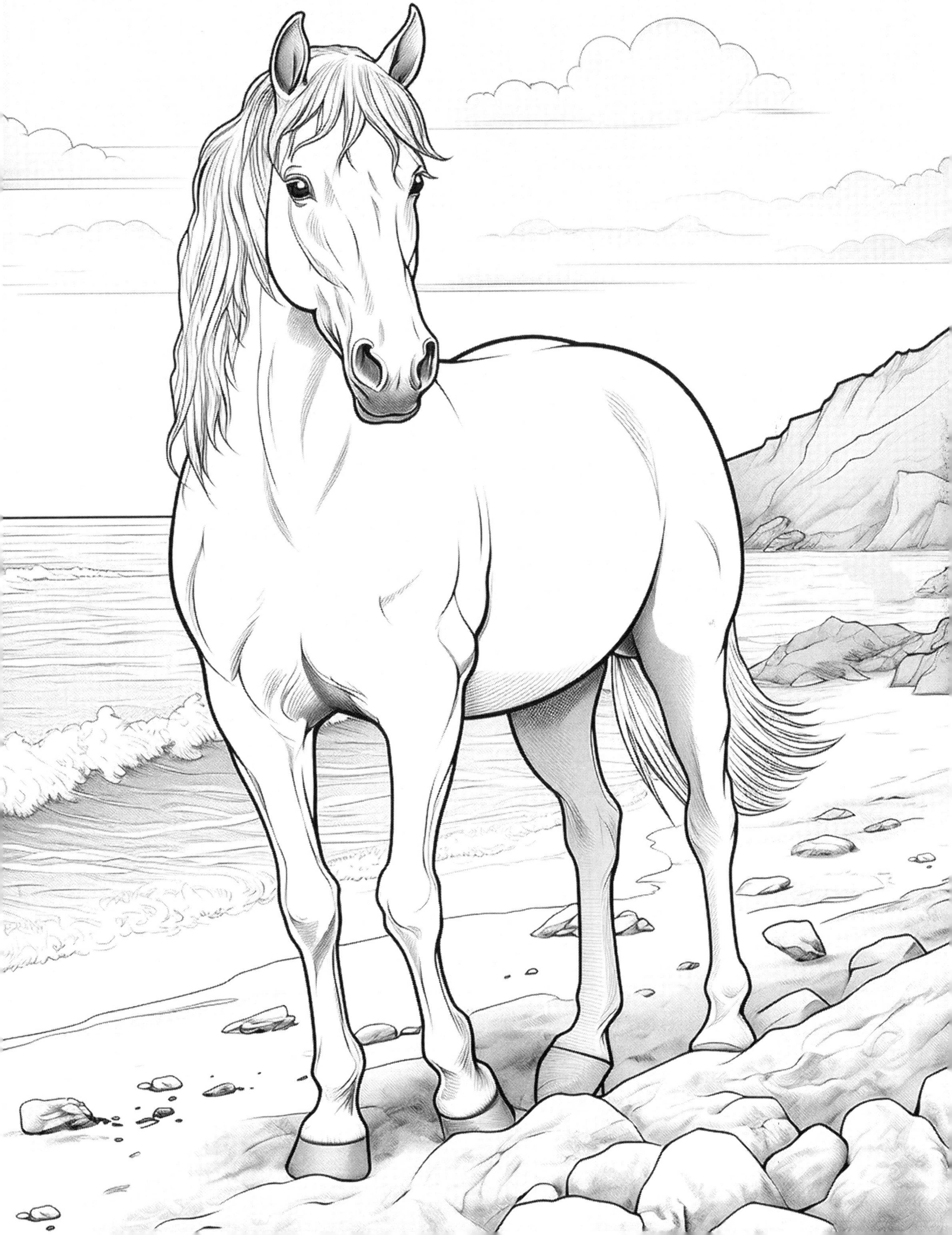

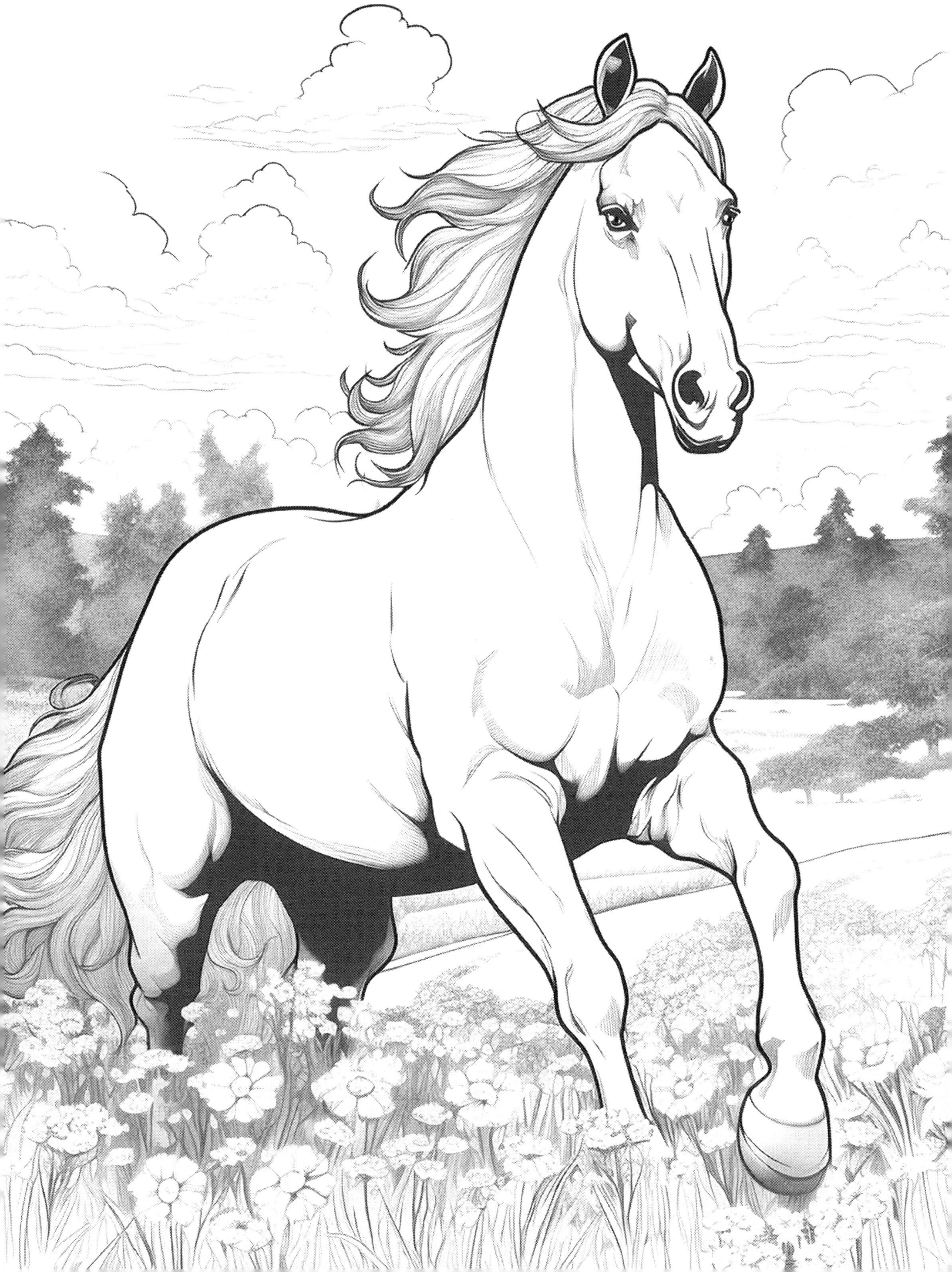

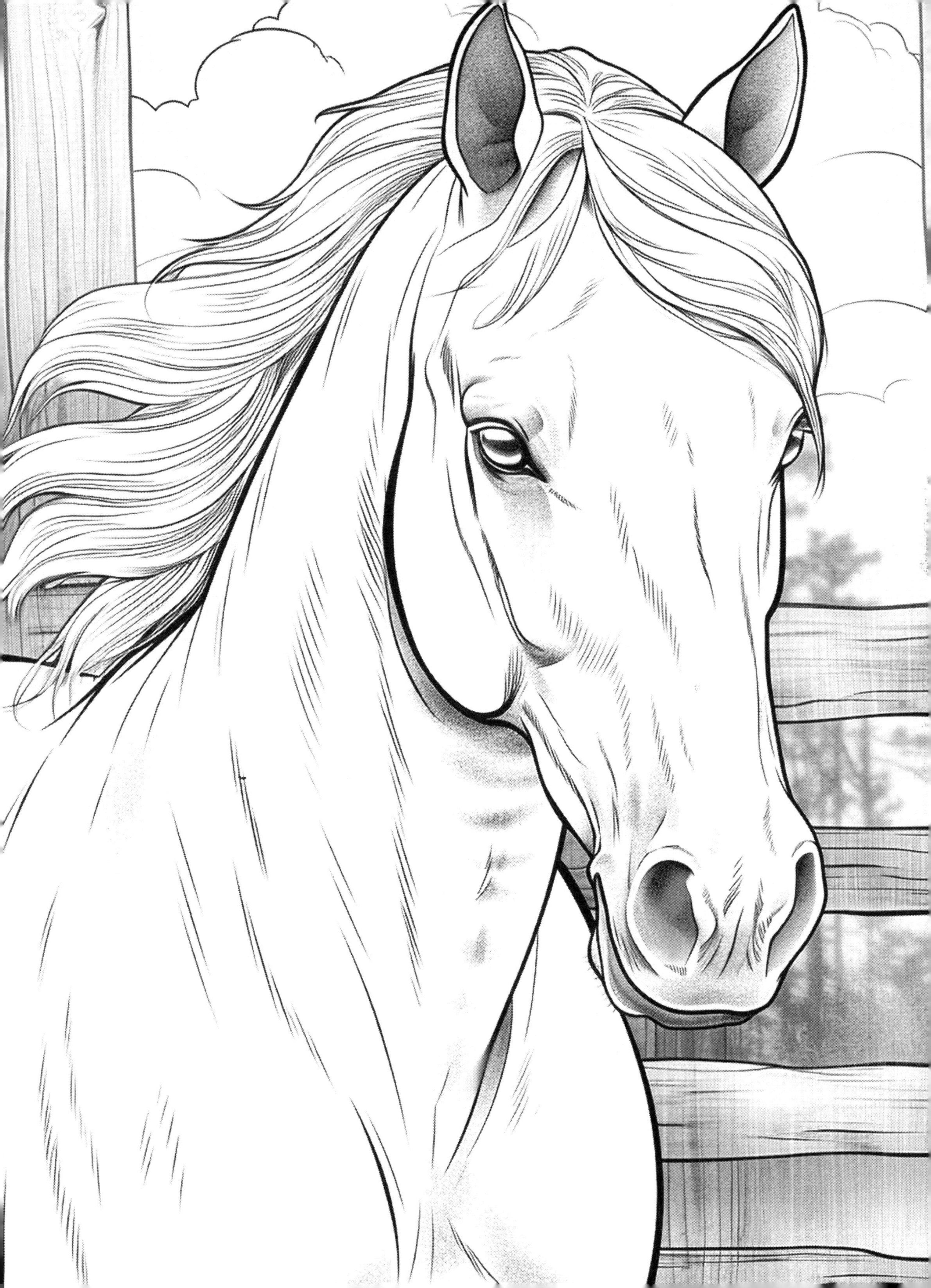

Made in the USA
Columbia, SC
26 November 2024

47672002R00046